어린이도 부모님도 알아야 할

어린이도 부모님도 알아야 할
코딩하기 전 코딩책

초판 1쇄 펴낸 날 2021년 5월 12일
초판 4쇄 펴낸 날 2025년 6월 18일

지은이 박준석·오정석
그린이 김혜령

펴낸이 한성봉
편집 안상준
디자인 최세정
콘텐츠제작 안상준
마케팅 박신용 오주형 박민지 이예지
경영지원 국지연 송인경
펴낸곳 동아시아사이언스
등록 2020년 2월 7일 제2020-000028호
주소 서울시 중구 필동로8길 73 [예장동 1-42] 동아시아빌딩
전자우편 easkids@daum.net
전화 02) 757-9724, 5
팩스 02) 757-9726
ISBN 979-11-916440-2-9 73400

- 이 책은 『세상을 만드는 글자, 코딩』을 바탕으로 어린이를 위해 재구성했습니다.
- 동아시아사이언스는 동아시아 출판사의 어린이·청소년 브랜드입니다.
- 잘못된 책은 구입하신 서점에서 바꿔드립니다.

만든 사람들
편집 이은지
크로스교열 안상준
디자인 이현주

어린이도 부모님도 알아야 할

코딩하기 전 코딩책

박준석·오정석 글 | 김혜령 그림

동아시아 science

차례

시작하며 _출발이 다른 첫 번째 코딩책 · 6

1 컴퓨터의 정체를 밝혀라

컴퓨터는 어떻게 작동하는 걸까? · 10 | 컴퓨터는 사람의 언어를 몰라 · 16
먹고 소화하고 배변하는 컴퓨터 · 20 | 공중에 떠다니는 글자들 · 23
쉬어가며 메타버스 시대가 온다 · 28

2 비트로 만드는 디지털 세상

이진법의 가장 작은 단위, 비트 · 32 | 비트만 있으면 무엇이든지 만들 수 있어 · 35
비트로 표현된 우주 창조의 비밀 · 40 | 자연은 아날로그일까, 디지털일까? · 42
압축이 필요해 · 46 | 디지털에 원본이 있을까? · 50
쉬어가며 외계인에게 보낸 편지 · 54

3 손끝에서 시작하는 코딩

컴퓨터를 위한 글쓰기, 코딩 · 58 | 누구나 할 수 있는 코딩 · 62
코딩을 하면 저절로 따라오는 친구, 컴퓨팅 사고력 · 68
버그 없는 프로그램은 없다 · 73
코딩과 프로그래밍은 어떻게 다를까? · 76
쉬어가며 〈스타크래프트〉의 비밀 · 78

4 사람과 컴퓨터를 이어주는 프로그래밍 언어

프로그래밍 언어는 세계 공용어 · 82 | 프로그래밍 언어의 역사 · 86
프로그래밍 언어의 종류 · 89 | '수' 자 돌림의 삼 형제: 상수, 변수, 함수 · 95
순서대로 읽지 않는 컴퓨터 · 98
쉬어가며 프로그래머가 가장 힘들어하는 일은? · 104

5 코딩으로 움직이는 세상

모든 것의 시작은 코딩 · 108 | 내 몸이 코딩되었다고? · 116
뇌도 코딩할 수 있을까? · 120 | 4차 산업혁명 시대에 꼭 필요한 코딩 · 123
쉬어가며 3D 프린터로 음식까지 찍어낸다고? · 128

마치며 _코딩을 알면 보이는 새로운 세상 · 130

출발이 다른 첫 번째 코딩책

　코딩 교육이 의무화되면서 국어, 영어, 수학처럼 '코딩'도 필수 과목만큼 중요해졌어요. 그래서 코딩 학원, 코딩 학습법, 코딩 실습 등 코딩을 가르치는 교육 기관이나 콘텐츠도 다양해졌지요. 서점에도 다양한 예제를 따라 하면서 코딩을 배울 수 있도록 해주는 책들이 많아졌어요. 하지만 코딩 교육의 핵심은 이렇게 특정 코딩 언어의 문법을 기술적으로 익히는 것이 아니에요.

　『코딩하기 전 코딩책』은 코딩 기술을 배우기에 앞서 코딩이 어떤 원리로 컴퓨터를 작동하게 하는지, 코딩을 배우면 어떤 일을 할 수 있는지 또, 코딩이 우리 생활에 얼마나 밀접한 관련이 있는지 궁금증을 풀어주기 위해 썼어요.

　코딩을 잘하기 위해서는 코딩 언어를 먼저 익히는 것보다 컴퓨터 구조부터 자세히 아는 게 중요해요. 만약 가장 기본이 되는 하드웨어와 소프트웨어를 모른다면 코딩한 것을 컴퓨터가 어떻게 읽어내는지 파악할 수 없거든요. 그저 '컴퓨터는 우리가 코딩한 것을 읽어서 모니터에 무언가를 출력한다'라고 추상적으로만 아는 것에서 그치겠지요. 컴퓨터 내부에는 반도체, 트랜지스터, 전선 등이 매우 작은 크기로 촘촘하게 연결되어 있어요. 마치 우리 몸의 세포처럼 말이에요. 우리가 밥 먹고, 소화하고, 배변 활동을 할 때 각종 세포들이 동원되어서 일을 하듯이 컴퓨터 내부의 전자회로도 전기신호들을 부지런히 교환하며 코드를 읽고 계산을 해서 출력을 해주는 거예요.

구조를 이해하면 컴퓨터가 이진수, 즉 0과 1만 사용해서 모든 일을 처리한다는 것도 알게 될 거예요. 디지털 언어를 모르면 컴퓨터 체제를 알지 못하고 결국 코딩도 제대로 이해할 수 없어요. 이처럼 기계와 사람을 잇는 언어인 코딩을 둘러싼 전체 이야기를 유기적으로 알도록 도와주는 것이 이 책의 목적이에요.

나아가서는 우리가 사는 현실세계가 코딩되어 있다는 설명도 하고 있어요. 이쯤되면 고개를 갸웃거리는 사람도 있을 거예요. "코딩책에서 왜 이런 설명까지 하지?" 하면서 말이에요. 하지만 이런 설명은 황당한 것이 아니에요. 세상을 바라보는 시각을 코딩의 관점에서 풀어 썼을 뿐이지요. 코딩을 통해 우리 몸의 DNA가 어떻게 설계되었는지, 우주를 구성하는 원자들이 왜 수학이나 물리 공식대로 움직이는지를 이해하게 되면 자연세계와 새롭게 만들어지는 사이버세계를 바라보는 여러분의 시선도 분명히 바뀌게 될 거예요.

자, 이제 그럼 코딩 세계로 함께 여행을 떠나볼까요?

컴퓨터는 어떻게 작동하는 걸까?

요즘에는 컴퓨터를 모르는 사람이 없을 거예요. 하지만 컴퓨터가 무엇인지 한마디로 설명해보라고 한다면 명쾌하게 말할 수 있을까요? 사실 컴퓨터를 하나부터 열까지 분명하게 알지는 못하지만 공기나 물처럼 우리에게 꼭 필요한 존재임은 확실해요.

컴퓨터computer의 'compute'는 '계산하다'라는 뜻으로, 뒤에 er이 붙어 '계산을 해주는 것'을 말해요. 즉, 컴퓨터란 '전자회로를 이용한 고속의 자동 계산기'지요. 과거의 컴퓨터는 손가락으로 주판알을 튕기거나 일일이 버튼을 두드려서 계산을 하는 기계에 불과했어요. 하지만 이제는 컴퓨터가 계산만 해주는 게 아니라 모르는 단어나 알고 싶은 정보를 찾아주고, 게임을 할 수 있게도 해줘요. 물론 이렇게 다양한 일도 알고 보면 전자회로를 이용하여 단순한 계산을 아주 많이 반복해서 수행하는 거예요. 더하기, 빼기, 곱하기, 나누기 같은 연산을 1초에 수억 번 하면 음악을 들을 수 있고, 영상도 볼 수 있지요.

컴퓨터나 스마트폰 같은 전자제품은 하드웨어와 소프트웨어로 구분할 수 있어요. **하드웨어**는 우리가 손으로 만질 수 있는 컴퓨터의 본체나 키보드 같은 다양한 기계장치고, **소프트웨어**는 손으로 만질 수 없지만 컴퓨터나 스마트폰의 장치가 돌아가

도록 하는 프로그램을 말해요. 소프트웨어가 없다면 컴퓨터는 텅 빈 기계나 마찬가지지요.

  책을 만드는 종이나 잉크가 하드웨어라면, 안에 담긴 소설이나 시, 그림은 소프트웨어라고 할 수 있어요. 여기에서 말하는 소프트웨어는 콘텐츠나 데이터를 포함하는 넓은 개념이에요. 우리 몸도 하드웨어와 소프트웨어로 나눠본다면, 눈에 보이는 손과 발은 하드웨어고, 머릿속의 생각은 소프트웨어예요. 다른 예를 더 들어볼까요? 텔레비전의 부품과 장치는 하드웨어고, 영화나 드

라마를 재생하는 기능은 소프트웨어예요. 냉장고 기기는 하드웨어고, 온도조절 기능은 소프트웨어지요. 이렇게 소프트웨어는 하드웨어라는 옷을 입고 존재해요. 이야기가 잉크와 종이를 통해 기록되고 우리의 생각이 뇌에 저장되듯이 데이터도 컴퓨터 메모리에 저장되는 거예요.

컴퓨터로 문서를 작성하는 것, 냉장고에 음식을 신선하게 보관할 수 있도록 내부의 온도를 자동으로 조절해주는 것 그리고 세탁기에 세탁물을 돌리는 것 모두 사람의 아이디어를 실행시키는 소프트웨어가 있어서 가능한 일이에요. 그러니 하드웨어를 효과적으로 사용하기 위해 개발한 소프트웨어의 가치는 더욱 높아질 수밖에 없어요.

소프트웨어가 없다면 일상생활에 많은 불편이 생길 거예요. 버스가 언제 도착하는지 알려주는 정류장의 상황판은 컴퓨터로 교통 정보를 수집하고 처리해서 전달해요. 이런 교통관제 시스템이 없다면 교통의 흐름은 엉망이 되고 버스가 도착하는 시간은 예측할 수 없을 거예요. 또, 택배 위치 추적 시스템이 없다면 온라인에서 주문한 물건이 배송될 날짜와 시간, 위치 등을 실시간으로 확인할 수 없지요.

가상현실도 소프트웨어를 통해 가능한 거예요. 가상현실은 가짜라는 뜻의 '가상 virtual'과 진짜라는 뜻의 '현실 reality'을 합친 단어예요. 현실이 아닌데도 실제로 일어난 것처럼 생각하고 보이게 하는 것을 말하지요. 컴퓨터로 만들어놓은 가상의 세계를 체험할 때 디스플레이가 장착된 VR 기기를 쓰거나 특수 장갑을 끼고 러닝머신 같은 장치 위에서 걷거나 뛰면 더 정교하게 느낄 수 있어요.

영화 〈매트릭스〉에서는 사람 머리에 전극을 꽂아 정보를 입력하고 출력하는가 하면, 감각을 조작해서 가상현실에 사는 듯한 착각을 하게 만들어요. 또, 〈레디 플레이어 원〉에서는 주인공이 VR 기기를 통해 현실세계와 동떨어진 '오아시스'라는 가상의 공간에서 살아가지요.

게임 〈마인크래프트〉나 〈동물의 숲〉에서는 사용자의 아바타를 이용하여 가상세계에서 건물을 짓거나, 일을 해서 돈을 벌고 물건도 구입할 수 있어요. 이처럼 현실을 반영한 가상세계에서 아바타로 자유롭게 활동할 수 있도록 만든 **메타버스**metaverse 역시 소프트웨어로 구현된 거예요. 소프트웨어가 폭넓게 활용되면서 우리 생활은 편리해졌을 뿐만 아니라 가상세계로까지 점점 확장되고 있어요.

컴퓨터는 사람의 언어를 몰라

소프트웨어의 발달로 우리는 컴퓨터나 스마트폰만 있으면 앉은자리에서 모든 것을 해결할 수 있어요. 숙제를 하면서 모르는 것이 생기면 검색 기능을 통해 알아내기도 하고, 이용할 버스의 노선이나 도착시간을 검색해서 데이터를 전달받을 수 있어요. 또, 실시간 고속도로 상황을 찍는 폐쇄회로TV(CCTV)를 보며 어느 구간에서 차가 막히는지 확인할 수도 있지요. 코로나19로 학

교나 학원에 가기 힘든 상황에서는 온라인으로 수업을 제공받기도 해요. 심지어 농작물 재배를 할 때도 센서가 환경 정보를 수집해서 과일이나 곡식이 잘 자라도록 물을 주고, 온도나 이산화탄소 농도를 조절해요. 농부가 컴퓨터를 이용해서 농사짓는 **스마트 팜** smart farm 시스템이 있기에 가능한 일이에요.

하지만 사람의 명령이 없다면 컴퓨터는 이 모든 일을 수행할 수 없어요. 컴퓨터에게 원하는 일을 시키려면 사람이 쓴 명령문을 컴퓨터가 읽게 해야 하지요.

그래서 전원이 켜지면 컴퓨터가 자신이 무엇을 해야 하는지 적어놓은 책을 꺼내 읽도록 만들었어요. 즉, 컴퓨터는 '책 읽는 기계'가 되는 셈이에요. 무슨 얘기인지 아직 알쏭달쏭하다고요?

우리는 누군가에게 일을 시키려면 "불 좀 꺼주세요"라고 말하거나 "간식 주세요"라고 부탁을 해요. 그런데 사람이 아닌 컴퓨터에게는 어떻게 말해야 할까요? 인터넷 검색창에 '코로나19'나 '오늘의 날씨' 같은 찾고자 하는 정보의 검색어를 입력하는 거예요. 검색엔진에 질문을 보내면 웹페이지를 검색해주는 프로그램은 사용자가 궁금해하는 정보의 답변을 주거나 사이트를 찾아줘요. 컴퓨터가 명령을 듣고 검색하는 사람이 알고 싶어 하는 모든 정보를 바로바로 찾아주는 거지요. 잠깐, 컴퓨터가 사람의 언어를 알아듣는 거냐고요? 사실 컴퓨터는 기계라서 사람의 언어를 몰라요. 우리가 다른 나라 사람과 대화하기 위해 세계 공용어인 영어로 말해야 하는 것처럼 컴퓨터에는 기계의 언어인 0과 1로 말해야 하지요.

사람은 기계의 언어를 모르고 기계는 사람의 언어를 모르는데 어떻게 소통을 할까요? 여기에는 비밀이 있어요. 바로 컴퓨터 내부에 번역기가 숨어 있다는 거예요. 통역사가 한국인과 외국인의 대화를 통역해주는 것처럼 컴퓨터 내부의 번역기가 사람의 언어를 기계어로 바꿔주고 있지요.

컴퓨터들은
0과 1밖에 몰라!
0
1
10
11
100
101
110
111
1000
1001
1010
0
1
2
3
4
5
6
7
8
9
10

먹고 소화하고 배변하는 컴퓨터

어려운 계산을 순식간에 해주고, 모르는 것도 막힘없이 술술 제공해주는 만물박사 같은 컴퓨터도 하는 일이란 정보를 받아들이고 계산해서 내보내는 게 전부예요. 즉, **입력**, **연산**, **출력** 딱 이 3가지 일만 하는 거지요. 시시해 보이지만 따지고 보면 사람도 입력, 연산, 출력 3가지 일만 해요. 밥을 먹는 것이 입력, 소화가 연산, 배변이 출력이지요. 또 수업 시간에 선생님 말씀을 듣는 것이 입력, 머리로 이해하는 것이 연산, 배운 내용을 정리하여 발표하는 것이 출력이에요.

식물이나 동물도 가만히 보면 무언가 끊임없이 흘러들어 와서 머물다가 나가는 입력, 연산, 출력을 하고 있어요. 비가 내리는 것이 입력, 비가 땅으로 스며들어 나무를 자라게 하는 것이 연산, 열매를 맺는 것이 출력이지요.

컴퓨터는 입력장치, 중앙처리장치[CPU], 출력장치를 통해 3가지 일을 해요. 그리고 이 모든 과정을 디지털 언어인 0과 1로 처리하지요.

입력이란 말 그대로 '들어가는 것'이에요. 우리가 눈으로 글자를 읽듯이 컴퓨터는 키보드를 통해 입력된 글자를 받아들여요. 또, 우리가 귀로 음성을 인식하듯이 컴퓨터는 마이크로 들어온

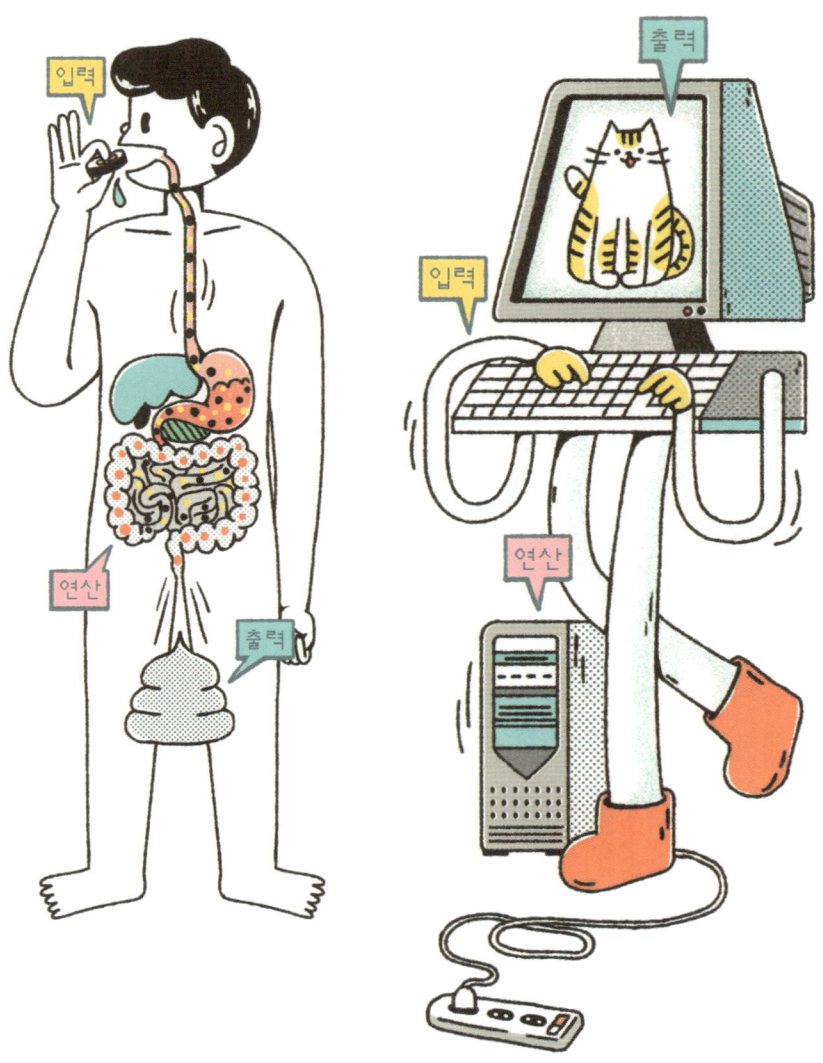

음성을 받아들여요. 컴퓨터를 구성하는 요소 중 하나인 **입력장치**는 이처럼 마우스, 키보드, 카메라, 마이크를 통해 입력된 문자, 영상, 음성 등의 데이터를 받아들이는 장치를 말해요.

컴퓨터 뇌에 해당하는 **중앙처리장치**^{CPU}는 입력장치에 입력된 글자나 사진, 소리 등을 처리하는 역할을 해요. 입력장치를 통해 들어온 데이터를 0과 1로 바꾸어 해석하고 연산해서 결과를 출력장치로 보내는 일을 하지요. 예를 들어, 귀여운 강아지를 촬영한 영상이 들어오면 수천만 개의 0과 1로 바꿔서 인식해요. 그러면 CPU에서는 0과 1로 1초당 수억 번 이상의 연산 작업을 시작해요. 더하고, 빼고, 곱하고, 나누는 식의 계산을 하며 데이터를 처리하는 거예요. 여러 가지 계산을 끝내면 결괏값을 출력장치로 보내요. 결괏값은 '강아지'라는 문자거나 '멍멍'이라는 소리일 수 있어요.

출력장치는 이렇게 CPU가 계산한 숫자들을 사람이 볼 수 있거나 들을 수 있는 형태로 바꾸어 세상에 내놓아요. 우리가 머리에서 생각한 것을 입을 통해 말하듯 0과 1을 사람이 들을 수 있는 소리의 형태로 바꾸어 스피커를 통해 출력하는 거지요. 또, 우리가 읽을 수 있는 글을 모니터에 출력하거나 프린터로 인쇄를 해요. 한마디로, 출력장치란 스피커, 모니터, 프린터처럼 컴퓨터에서 정보를 처리한 결과를 사람이 볼 수 있는 형태로 변환하여 꺼내는 장치예요.

컴퓨터가 하는 이 3가지 일을 정확하게 알면 우리 주변에서 사용하는 다양한 기계장치를 이해할 수 있어요.

사물과 사람이 매개체를 이용하여 소통하는 방식을 **인터페이스**interface라고 해요. 사물과 사물 또는 사물과 사람의 사이를 뜻하는 영어 '인터inter'와 접촉 면을 뜻하는 '페이스face'가 합쳐진 단어지요. 스마트폰에 탑재된 '빅스비bixby'나 '시리siri'처럼 정보를 찾아 응답해주는 '인공지능 음성 인식 서비스', 터치스크린으로 직접 주문하고 결제하는 패스트푸드점의 '키오스크', 바코드를 직접 찍고 결제하는 마트의 '무인계산대' 등 기계장치와 사람이 의사소통하는 방식은 점차 발전하고 있어요.

공중에 떠다니는 글자들

사람이 입력장치를 통해 기계언어인 0과 1로 소통을 한다면, 컴퓨터와 컴퓨터끼리는 어떻게 소통할까요? 집에 있는 컴퓨터는 학교, 게임 회사, 배달 업체 등의 컴퓨터들과 네트워크에 접속된 상태로 연결되어 있어요. 여러분의 컴퓨터가 다른 컴퓨터와 0과 1이라는 디지털 언어를 주고받을 수 있는 상태에 있다는 말이지요. 방과 후 각자의 집에서 친구들과 온라인 게임을 하거나, 지구 반대편에 사는 친구와 문자나 통화를 할 수 있는 것도 이렇게 서로 연결되어 있기 때문이에요.

예전에는 가까운 거리에 있는 컴퓨터끼리 전선을 연결해서 글자를 보냈어요. 하지만 통신 기술이 발달하면서 전선으로 연결하지 않아도 미국이나 아프리카, 우주까지도 글자를 전송할 수 있게 되었어요.

글자가 빛을 타고 날아가서 신호를 전달하는 방식을 사용하기 때문이에요. 빛은 눈 깜짝할 사이에 지구를 7바퀴 반이나 돌 수 있어요. 그래서 조선 시대에는 멀리 떨어진 사람과 신호를 주고받기 위해 횃불을 이용했어요. 예를 들어, 평상시에는 횃불 1개를 켜고, 적이 국경에 가까이 나타나면 2개, 적과 접전하면 5개를 켜는 식이었지요. 봉화신호를 통해 멀리서도 상황의 시급함을 알 수 있었어요.

이처럼 컴퓨터도 눈에 보이는 빛인 **가시광선**을 이용해서 0과 1을 주고받을 수 있어요. 하지만 가시광선은 중간에 높은 산이나 건물 같은 장애물이 있으면 방해를 많이 받기 때문에 0과 1을 멀리 보내지는 못해요. 0과 1을 더 멀리 보내야 할 경우에는 눈에 보이지 않는 빛인 **비가시광선**을 이용하지요. 흔히 **전파**라고도 불러요.

전파는 전기와 자기의 파동이 멀리까지 퍼져나가는 것을 말해요. 잔잔한 호수에 돌멩이를 던졌을 때 주변에 생기는 물결이 바로 파동이에요. 파동의 크기(진폭), 빈도(주파수), 시작점(위상) 등을 바꿔가며 전파의 모양을 만들어서 신호를 전달하지요. 버스에서 흔히 들을 수 있는 FM 라디오가 바로 주파수를 바꿔가며 만든 전파로 0과 1을 전송하는 방식이에요. 0을 보내고 싶을 때는 빈도(주파수)를 낮추고, 1을 보내고 싶을 때는 빈도(주파수)를 높이는 거예요. 이렇게 주파수가 높아졌다 낮아졌다 하며 만들어진 전파가 공중으로 날아가요. 통신이라고 부르는 것은 대부분 이러한 전파 방식을 의미해요. 전화 통화를 할 때 친구의 목소리를 들을 수 있는 이유도 진폭이나 주파수, 위상 등을 바꿔가며 만들어진 전파가 안테나로 들어오기 때문이에요.

비가시광선이 가시광선보다 멀리 가긴 하지만 그렇다고 아주 멀리 가지는 못해요. 공중으로 날아가던 글자들이 장애물에 부딪히거나 흡수되어버리기 때문이에요. 이때는 **케이블**을 이용해요. 우리가 높은 산에 오르다 힘이 빠지거나 길이 막히면 케이블카를 타고 정상에 도달하는 것처럼 스마트폰에서 보낸 0과 1로 된 글자도 목적지에 도달하기까지 다양한 교통 수단을 이용하는 거에요. 특히 한국과 미국처럼 바다가 중간에 있는 경우에는 태평양 깊은 곳에 설치된 해저 케이블을 통해 실시간으로 문자를 주고받거나, 전화 통화를 할 수 있어요.

　우리가 스마트폰으로 인터넷 검색을 하거나, 지하철에서 유튜브를 볼 때도 글자는 케이블을 따라 흐르고 있어요. 현재는 이렇게 전 세계 바다 곳곳에 설치된 해저 케이블을 통해 글자가 전송되고 있지만, 가까운 미래에는 인공위성으로 통신하는 시대가 열릴 거예요.

메타버스 시대가 온다

메타버스metaverse는 초월을 뜻하는 '메타meta'와 우주를 뜻하는 '유니버스universe'를 합친 단어예요. 자신의 캐릭터로 가상세계 속 다양한 공간을 자유롭게 오가며 현실처럼 생활하는 것을 의미하지요.

2020년 9월 방탄소년단은 게임 〈포트나이트〉 속 가상공간 '파티로얄'에서 신곡 〈Dynamite〉 안무를 최초로 공개했어요. 파티를 위해 만들어진 공간 파티로얄에서는 게임 사용자 간의 전투를 잠시 멈추고 공연을 즐기거나 편하게 쉴 수 있어요. 전 세계 팬들은 공지된 시간에 파티로얄에 모여 방탄소년단의 새로운 춤을 따라 추며 공연을 즐겼지요.

블랙핑크는 국내 포털 회사에서 개발한 증강현실 아바타 서비스 '제페토'에서 가상 팬 사인회를 열었어요. 제페토에서는 자신의 아바타로 다양한 콘텐츠를 경험할 수 있어요. 옷이나 신발, 메이크업 도구 등을 구매해서 아바타를 꾸밀 수 있고 자유롭게 돌아다니며 전 세계 친구들도 사귈 수 있지요. 블랙핑크는 멤버들이 머무르는 공간을 가상으로 꾸민 '블핑하우스'도 열었어요. 팬들은 시간과 공간에 구애받지 않고 언제든지 블핑하우스에 찾아와 사진도 찍고 구경할 수 있어요.

그런가 하면 청와대는 2020년 5월 5일 어린이날을 맞이하여 게임 <마인크래프트>에 가상 청와대를 만들어 어린이들을 초대했어요. 각자 자신의 아바타로 접속한 어린이들은 캐릭터로 등장한 대통령 부부와 함께 청와대 구석구석을 구경했어요.

이처럼 메타버스는 우리 일상으로 빠르게 스며들고 있어요. 현실을 반영한 소프트웨어로 가상세계에서 일도 하고, 친구도 만나며 여가 생활까지 즐기는 시대가 우리 앞에 성큼 다가온 거예요. 코로나19로 비대면 생활이 익숙해진 요즘, 가상과 현실의 경계가 점점 흐려지면서 시간과 공간을 넘나들며 상상으로만 꿈꾸던 모든 것을 할 수 있게 되었어요!

이진법의 가장 작은 단위, 비트

컴퓨터는 글자나 사진, 영상의 형태로는 정보를 연산할 수 없어요. 그래서 모든 정보를 0과 1이라는 디지털 언어로 변환해서 재배열한 뒤 출력하지요. 머지않은 미래에 컴퓨터가 말을 하고, 감정을 갖고, 의식이 있는 것처럼 간주되더라도 컴퓨터가 하는 일이란 결국 명령문을 0과 1로 받아서 연산하고 출력하는 것에서 벗어나지 않을 거예요.

컴퓨터가 정보를 0과 1, 단 2가지 숫자만 활용해서 처리하는 것은 0에서 9까지 10가지 숫자로 수를 나타내는 십진법보다 비교적 단순해요. 만약 십진법을 컴퓨터에 적용한다면 저장해야 하는 경우의 수가 10개나 필요해요. 그러면 발생할 수 있는 오류의 수도 훨씬 많아지지요. 하지만 0과 1로만 정보를 나타내는 이진법은 2가지 상태만 사용하니 간편할 뿐만 아니라 오류도 적어요.

컴퓨터가 0과 1을 읽는 방법 중 하나는 전기회로를 통해 전기 신호가 들어오거나 들어오지 않는 2가지 상태로 파악하는 거예요. 전기회로의 스위치가 켜져서 전기가 흐를 경우에는 1, 스위치가 꺼져서 흐르지 않을 경우에는 0으로 인식해서 컴퓨터의 자료를 읽는 거지요. 그렇기 때문에 이진법은 스위치를 켜고 끄는 방법으로 작동시키는 데 적합해요. 특정한 조건에 따라 전기를 흐르게도 하거나 흐르지 못하게 하는 이 전기장치를 **트랜지스터**transistor라고 불러요. 컴퓨터는 모든 정보를 무수히 많은 0과 1로 바꾸어 다룬다고 했으니 내부에 수십억 개 이상의 트랜지스터가 꺼졌다 켜졌다 하면서 정보를 읽거나 계산해서 다른 곳으로 보내는 거예요.

컴퓨터는 0과 1을 검정 또는 하양으로 표시할 수도 있고 전구를 ON, OFF 시키는 것으로 표시할 수도 있어요. 만약 000011 이라면,

로 표현할 수 있지요.

이런 이진수 0 또는 1이 사용되는 하나의 자리를 **비트**bit라고 해요. 컴퓨터 세계에서 가장 기본이 되는 최소 단위지요. 마치 우리가 살고 있는 현실에서 원자가 세상을 구성하는 기본 입자인 것처럼 말이에요.

비트가 8개로 묶이면 **바이트**byte가 되고, 바이트 1,024개가 모이면 **킬로바이트**kilobyte예요. 0 또는 1을 비트라고 했으니 8개로 묶인 01000001은 1바이트가 되는 거예요. 즉, A라는 알파벳 1

개를 뜻하는 01000001을 저장할 수 있는 공간이 1바이트라는 말이지요. 따라서 'HELLO'라는 단어는 5바이트를 이용해서 저장할 수 있어요. 이처럼 저장 공간의 크기를 나타내는 단위가 커질수록 저장할 수 있는 정보의 양도 많아져요. 그래서 웹툰이나 게임, 음악이나 그림 같은 것을 저장하려면 더 큰 단위가 필요하지요.

가상세계에서는 이 비트를 묶어서 사진, 영상 등을 만들어내고, 현실세계에서는 원자가 뭉쳐서 공기와 물 그리고 별과 사람을 만들어내요. 비트가 만들어낸 가상세계와 원자가 만들어낸 현

실세계가 아직 완벽하게 일치하지 않지만 서로 비슷한 면이 많아요. 그래서 가상세계가 어떻게 이루어졌는지 알면 나중에 코딩을 할 때 현실세계를 닮은 새로운 세상을 정교하게 만들 수 있어요.

비트만 있으면 무엇이든지 만들 수 있어

우리가 항상 들고 다니는 스마트폰도 컴퓨터라고 할 수 있어요. 그래서 모든 것을 디지털 언어로 처리하지요. 그런데 스마트폰에서 0과 1이라는 디지털 언어를 직접 본 기억이 있나요? 스마트폰을 매일 사용하지만 화면에서는 글자와 사진, 영상만 봤을 뿐 0과 1은 본 적이 없을 거예요. 대체 비트 세계의 원자인 0과 1은 어디에 숨어 있는 걸까요?

우리가 습관처럼 듣는 음악을 0과 1이라고 생각하는 사람은 거의 없어요. 친구들과 메시지를 주고받으면서 안테나를 통해 날아가는 것이 한글이 아닌 0과 1의 형태라고 생각하는 사람도 없을 거예요. 물론 전화 통화를 할 때 전송되는 것이 자신의 목소리가 아닌 0과 1이라고 추측하지도 않겠지요. 이유는 0과 1이라는 디지털 언어가 완벽하게 포장되어 숨어 있기 때문이에요. 우리가 실체를 눈치챌 수 없도록 늘 변장을 하고 나타나거든요. 그렇다면 디지털 언어의 실제 모습은 어떨까요?

컴퓨터는 'A'라는 글자를 '1000001'이라는 이진수로 이해해요. 'B'는 '1000010'으로, 'C'는 '1000011'로 이해하지요. 알파벳 문자를 컴퓨터가 이해하는 숫자로 바꿔주기 위해서는 '변환 테이블'이라는 것이 존재해요. 대표적인 것이 글자와 숫자를 같은

아스키코드 테이블

A	1000001	N	1001110
B	1000010	O	1001111
C	1000011	P	1010000
D	1000100	Q	1010001
E	1000101	R	1010010
F	1000110	S	1010011
G	1000111	T	1010100
H	1001000	U	1010101
I	1001001	V	1010110
J	1001010	W	1010111
K	1001011	X	1011000
L	1001100	Y	1011001
M	1001101	Z	1011010

것으로 짝지어두는 **아스키코드 테이블**이에요.

중간에 이렇게 변환 테이블을 두면 글자나 숫자는 같은 기호 체계가 돼요. 누군가 'HELLO'라고 입력하면 컴퓨터는 각각의 알파벳에 해당하는 숫자로 바꿔주지요.

HELLO=1001000100010110011001001111 이렇게 말이에요. 여러분이 글자를 입력해도 컴퓨터는 일일이 비트로 바꿔서 처리하고 저장하는 거예요. 디지털 언어밖에 모르는 컴퓨터끼리 항상 숫자로 정보를 주고받을 수 있도록 말이에요.

컴퓨터는 글자뿐만 아니라 음악과 사진도 0과 1로 바꿔서 저장해요. 누군가 바이올린을 연주하거나 노래를 부르면 그 소리는 아날로그 신호로 울려 퍼져요. 음이 연속적으로 변한다는 뜻이지요.

하지만 컴퓨터는 이런 아날로그 소리를 인식하지 못하기 때문에 디지털 언어로 바꿔줘야 해요. 이때 소리의 높낮이를 숫자로 표현하면, 컴퓨터는 '도'에 해당하는 음은 '도'에 해당하는 숫자로, '레'에 해당하는 음은 '레'에 해당하는 숫자로 읽어서 바이올린 소리나 노랫소리로 복구하여 출력하는 거예요. 마찬가지로 사진이나 그림도 빨간색 점은 빨간색에 해당하는 숫자로, 노란색 점은 노란색에 해당하는 숫자로 바꿔서 저장한 다음 그것을 읽고 빨간색에 해당하는 숫자일 때는 모니터에 빨간색 점을, 노란색에 해당하는 숫자일 때는 노란색 점을 모니터에 출력하는 거지요. 이렇게 글이나 그림 그리고 음악과 영상 등을 모두 0과 1로 바꿔서 저장했다가 필요할 때 다시 원상태로 복원할 수 있어요. 모든 정보가 숫자 0과 1이라는 비트의 모습이었다가 세상에 출력될 때는 음악, 그림, 영화, 문자 등의 모습이 되는 거예요. 겉으로 나타나는 모습은 다양하지만 그 안에 숨어 있는 정보는 항상 비트의 모습인 0과 1로 존재하고 있다는 사실이 재미있지 않나요?

비트로 표현된 우주 창조의 비밀

사이버세계에서 모든 존재의 본질은 비트에 있어요. 0과 1만으로도 우주 만물을 흉내낼 수 있지요. 우리나라 국기인 태극기에도 비트로 표현된 우주 창조의 비밀이 숨어 있어요.

태극기는 태극 문양과 건곤감리 4괘로 구성되어 있어요. 그리고 모든 요소에는 고유한 의미가 담겨 있지요. 가운데 위치한 태극 문양은 우주 만물이 어울려 생성하고 발전하는 대자연의 진리를 아날로그적으로 형상화했고, 네 모서리의 4괘는 우주의 가장

기본 요소인 하늘, 땅, 물, 불을 디지털적으로 상징하고 있어요.

왼쪽 맨 위의 '건'은 하늘을 나타내며 긴 막대기 3개(☰)로 표현했어요. 긴 막대기 1개를 디지털 언어 1로 생각해본다면 건은 '111'이 되겠지요. 대각선 맞은 편에 위치한 '곤'은 땅을 상징하며 짧은 막대기 6개(☷)로 표현되어 있어요. 짧은 막대기 2개를 디지털 언어 0으로 생각해보면 '000'이 되고, 물을 뜻하는 '감'은 '010', 불을 뜻하는 '리'는 '101'이 되지요. 그뿐만 아니라 가운데 태극 문양에서 빨간색은 1, 파란색은 0으로 표현할 수 있어요. 마치 컴퓨터의 변환 테이블 같지 않나요?

디지털 언어 0과 1로 가상세계를 만들어내듯, 건곤감리 막대기로 표상되는 우주 만물도 디지털 언어로 나타낼 수 있는 거예요. 동양에서 이런 우주 만물의 조화를 '음'과 '양'이라고 표현하는데, 서양에서는 '0'과 '1'이라고 부른 거지요. 디지털 세계에서 0과 1이 중심이 되어 세상에 존재하는 모든 정보를 표현하는 것과 같은 이치예요. 우리 조상들은 옛날부터 음과 양, 즉 0과 1을 조합해서 우주 만물을 만들어낼 수 있다는 것을 알고 있던 걸까요?

자연은 아날로그일까, 디지털일까?

비트는 현실을 어떻게 담아낼까요? 0과 1이 광대한 대자연을 표현한다는 것이 가능할까요? 밥을 먹고, 경치를 보고, 바람을 느끼고, 숲길을 걷는 것이 0이나 1과 어떤 관련이 있을까요?

여러분이 아무리 사진을 잘 찍고, 자연을 똑같이 그린다고 하더라도 컴퓨터는 자연을 그대로 받아들여 이해할 수 없어요.

카메라로 풍경을 찍으면 마치 아날로그 자연이 여러분의 스마트폰으로 들어온 것 같지만 막상 사진을 크게 확대하다 보면, 작은 사각형들이 이미지를 표현하고 있는 것을 볼 수 있어요. 이 작은 사각형은 컴퓨터 그래픽에서 이미지를 구성하는 최소 단위인 **픽셀**pixel이라고 해요.

컴퓨터는 풍경뿐만 아니라 사람의 음성이나 얼굴, 냄새, 피부의 감촉, 추위와 더위, 심지어 맛까지 전부 디지털로 바꿔서 이해해요. 컴퓨터는 아날로그를 있는 그대로 받아들이지 못하기 때문에 오감이나 사물을 전부 디지털로 변환한 후에야 정보를 인식하지요. 이처럼 사물을 디지털 언어로 바꿔서 설명하는 것을 **아날로그-디지털 변환**이라고 해요. 그러다 보니 컴퓨터가 이해하는 자연과 사람이 이해하는 자연은 다르다고 느낄 수밖에 없어요. 과연 디지털 기기인 컴퓨터와 사람은 자연을 이해하는 방식이 진짜로 다를까요?

  뉴턴의 운동 법칙을 기본으로 하는 **고전역학**classical mechanics에서는 자연이 아날로그라고 가정하고 있어요. 공을 던지면 연속적인 포물선을 그리며 날아가요. 온도는 섭씨 25도에서 26도로 갑자기 변하는 것이 아니라 서서히 올라가고, 사람도 시간이 지남에 따라 키가 자라고 늙어가지요. 아침에 동쪽 하늘에서 뜬 해가 갑자기 서쪽으로 사라지는 일도 없어요. 해는 하늘 가득 붉은빛을 물들이며 서서히 넘어가니까요. 집 앞 나무의 나뭇잎도 손바닥 뒤집듯이 초록색에서 빨간색으로 바뀌지 않아요. 노란빛과 주황빛을 거쳐 서서히 변해가는 것처럼 자연은 연속적인 세상이에요.

  하지만 현대 물리학으로 대표되는 **양자역학**quantum mechanics에서는 자연이 디지털이라고 해요. 아날로그처럼 연속적으로 변하는 것이 아니라 원자가 어떤 곳에서 갑자기 '뿅!' 하고 없어졌다가 다른 곳에 '짠!' 하고 나타나는 거예요. 이를 **퀀텀점프**quantum Jump라고 해요. 어떤 단계에서 다음 단계로 넘어갈 때 갑자기 점프를 하는 현상을 말하지요. 마치 컴퓨터 화면에서 빨간 점이 움직일 때, 첫 번째 픽셀이 꺼지고 두 번째 픽셀이 켜지는 것처럼 옆 칸으로 불연속적으로 움직인다는 거예요. 양자역학의 등장으로 자연 현상의 깊숙한 곳에서는 디지털처럼 동작한다는 사실이 확인되었어요.

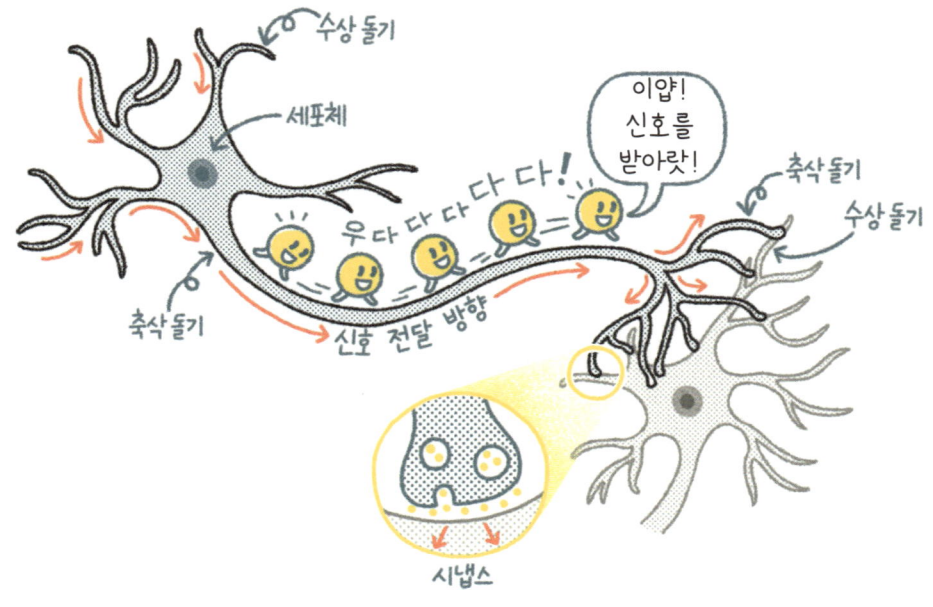

　의외로 사람 역시 자연을 디지털적으로 이해하고 있어요. 사람의 뇌에서도 신경세포들 간에 전기신호를 주고받는 동작이 디지털적으로 일어나기 때문이에요. 자극을 받으면 전기를 발생시켜 다른 세포로 정보를 전달하는 뉴런의 기능을 보면 쉽게 이해할 수 있어요. 10번 뉴런과 11번 뉴런이 12번 뉴런를 자극하면 어느 순간 갑자기 화학물질을 뿜어내요. 자극이 일정 수준이 될 때까지 12번 뉴런은 '0'이었다가 자극이 일정 수준을 넘어서면 12번 뉴런은 갑자기 '1'이 되지요. 마치 디지털 시계가 1분에서 2분이 될 때 중간 과정 없이 숫자가 바뀌는 것처럼 뉴런도 이렇게 화학물질을 내뿜거나(ON) 내뿜지 않거나(OFF)해서 디지털적으로 신호를 전달하고 처리하는 거예요. 무언가를 본다는 것도 이렇게 눈으로 들어오는 시각신호를 전기신호로 변환한 후 뇌가 '해석'하는 과정을 말해요. 즉, 빛이 눈에 있는 세포에 닿으면 화학반응이 일어나서 전기신호를 일으키고, 이 전기신호가 뇌세포로 전달되는 과정에서 디지털적으로 처리되는 거지요. 그때 우리는 무언가를 '보았다'라고 생각하는 거예요. 따라서 여러분이 본 것은 실제 존재하는 물체 그대로가 아니라 뇌가 재해석해서 출력한 영상이에요. 같은 풍경을 보고도 여러분과 친구가 본 것에서 조금씩 차이를 느끼는 것도 이 때문이지요.

손으로 만지는 것, 귀로 듣는 것, 냄새를 맡는 것 역시 뇌가 해석하는 거예요. 손이 없거나 귀가 없더라도 적절한 디지털 데이터를 만들어서 뇌세포로 입력하면 우리는 '만진다' 또는 '듣는다'라고 착각하게 되지요. 본래 사람이 경험하는 세상이란 것이 결국 뇌가 디지털 데이터를 해석한 세상이라니 놀랍지 않나요? 누군가의 뇌에 잘 배열된 0과 1을 집어넣으면 그 사람이 실제 세계를 경험하는 것처럼 착각하게 만들 수도 있어요. 아날로그 신호 투성이인 현실세계와 디지털 신호로 가득 찬 비트의 세계는 이렇게 서로 담장을 허물어가고 있어요.

압축이 필요해

컴퓨터에서 글자 수를 줄이는 것을 **압축**compression이라고 해요. 사진이나 영상을 다운로드할 때 볼 수 있는 **zip**이 대표적인 압축 파일이지요. 여러 개의 파일을 하나로 묶어서 압축하는 이 기술은 두꺼운 옷이나 이불의 부피를 줄여 옷장에 넣는 것과 비슷해요.

컴퓨터에서는 사진 1장도, 음악 1곡도 그리고 영화 1편도 모두 디지털 언어로 표현돼요. 사진 1장은 보통 가로세로 수천 개의 픽셀로 이루어져 있으며 각 픽셀마다 자기 색깔에 해당하는 숫잣값이 있어요. 빨간색은 01001…000, 파란색은 11100…101처럼 말이에요. 그렇기 때문에 많은 숫자를 사용할수록 정교한 색을 나타낼 수 있어요. 만약 24개의 비트를 사용하면 자연에 가까운 총천연색을 표현할 수 있지요. 조그만 크기의 사진이 가로와 세로 모두 1,000개의 픽셀을 갖는다고 한다면, '1,000픽셀 곱하기 1,000픽셀 곱하기 24비트'인 2,400만 개의 0과 1을 갖게 되는 거예요. 아무리 메모리 용량이 커지고 데이터 전송 속도가 빠르다고 해도 매번 이렇게 많은 0과 1을 보관한다는 것은 심각한 낭비예요. 그래서 글자 수를 줄여서 파일 전송 시간과 저장 공간을 절약할 수 있는 여러 가지 아이디어를 생각해냈어요.

먼저 이미지를 압축하는 거예요. 이미지 파일에는 같은 색상,

즉 같은 숫자가 반복되는 영역이 많아요. 어릴 때 하던 색칠 공부를 떠올려볼까요? 뛰어가는 남자아이의 머리카락을 검은색으로 칠하려고 마음먹었다면, 분명 검은색 크레파스로 한 번에 쓱쓱 문질러 칠할 거예요. 머리카락을 검은색 크레파스로 한 점 한 점 눌러가며 빈 공간을 채우지는 않겠지요. 시간도 더 많이 걸리고 힘도 2배로 들 테니까요. 컴퓨터에서 글자 수를 줄이는 방법도 마찬가지예요. 비슷한 영역은 쓱쓱 한 번에 처리할 수 있도록 뭉개는 거예요. 다음 그림을 컴퓨터에 저장한다고 가정해볼까요?

왼쪽부터 하나씩 '파란색, 파란색, 파란색, 파란색, 파란색, 파란색, 파란색, 파란색, 파란색'을 9번, '빨간색, 빨간색, 빨간색

을 3번 기록하는 것보다 '파란색 9개, 빨간색 3개'라고 기록하면 훨씬 간결해져요. 이것이 바로 압축 기술이에요.

　동영상은 어떻게 압축할까요? 동영상 파일은 이미지 파일보다 훨씬 많은 0과 1이 필요해요. 왜냐하면 수많은 이미지들을 모은 것이 동영상이니까요. 평범한 화질의 동영상은 1초에 20개 이상의 이미지를 담고 있어요. 1초에 20장 이상의 사진을 빠르게 넘겨야 동영상으로 재생된다는 뜻이에요. 그러다 보니 앞의 사진과 바로 뒤의 사진은 거의 같은 화면일 경우가 많아요. 화면 변화가 급격하게 변하거나 새로운 인물이 등장하는 것이 아니라면 대부분의 장면에서 앞의 사진과 뒤의 사진은 아주 조금씩만 변하는 거지요. 그래서 컴퓨터는 앞뒤 사진을 비교해서 달라진 부분만 골라서 저장해요. 모든 사진에 대한 0과 1을 반복해서 똑같이 저장하는 것은 용량만 커지고 공간 낭비가 될 테니까요.

　컴퓨터 글자 수를 줄이는 방법은 이보다 훨씬 많고 다양해요. 매년 전 세계 수많은 전문가가 모여 어떻게 하면 글자 수를 더 줄일 수 있을지를 연구하고 있을 정도지요. 세상의 모든 것을 디지털 언어로 표현하는 컴퓨터에서 글자 수를 1개라도 줄일 수 있는 '압축 기술'은 그만큼 중요하고 꼭 필요한 기술로 여겨지고 있어요.

디지털에 원본이 있을까?

학교생활을 하다 보면 친구의 숙제를 베끼거나 베끼도록 빌려준 적이 있을 거예요. 물론 들키지 않을 때도 있지만 대부분의 경우 선생님은 베낀 것을 단번에 알아볼 수 있어요. 자신의 생각을 써야 하는 글쓰기 숙제라면 원본과 베낀 것을 금세 구분할 수 있고, 정답이 하나인 수학 숙제라도 풀이 과정을 보면 누가 가짜로 숙제를 한 건지 눈치챌 수 있어요. 복사기로 복사를 한다면 베낀 사람의 것은 원본보다 흐리게 나오니까 알아챌 수 있지요.

그런데 디지털카메라로 찍은 사진을 수십 명의 친구들에게 복사해서 파일로 보내주고 최초로 찍은 사진을 찾아보라고 한다면 선생님은 원본을 골라낼 수 있을까요? 물론 저장 시간을 보면 알아낼 수 있겠지만 컴퓨터 속의 사진만 보고는 어떤 것이 진짜인지 가리기 힘들 거예요. 수백 번, 수천 번 복사해도 원본과 동일하게 유지되는 기술 때문이지요. 사진을 복사하거나 보내줄 때는 적어도 수천만 개의 비트를 전달하는데 이 과정에서 0과 1이라는 글자는 단 1개도 변하지 않아요. 사실 디지털 세상에서 원본과 복사본의 구별은 큰 의미가 없어요. 원본과 복사본이 완벽하게 동일하니까요. 물론 특수한 코드를 입력해서 복사를 할 때마다 그것이 복사본이라는 꼬리표를 달 수는 있겠지만 어디까지나 특수한 경우에 해당할 뿐이지요.

하지만 실수가 없어 보이는 컴퓨터도 가끔 0과 1을 주고받으면서 오류가 생길 때가 있어요. 주파수 변조 방식으로 글자가 전송된 경우 해당 글자의 주파수가 높은 것인지 낮은 것인지 헷갈려 0과 1을 잘못 기록한 경우지요. 디지털 세상에서 0과 1이 뒤바뀌는 것은 아주 심각한 문제를 일으키기 때문에 오류가 발생하면 여러 방법으로 찾아내서 수정해야 해요.

오류를 찾아서 수정하는 방법은 간단해요. 11110000을 보냈는데 1110000으로 잘못 받았다면 보내는 쪽에서 1은 4개라고 먼저 알려주는 거예요. 그러면 받는 쪽에서는 1의 개수가 일치할 때까지 다시 보내달라고 요청하겠지요. 0과 1을 무작정 보내는 것이 아니라 1의 개수를 명확하게 덧붙이면 헷갈리지 않고 오류를 수정할 수 있어요.

오류를 복구해주는 기술 덕분에 디지털 세계에 존재하는 글자들은 시간이 지나도 닳거나 변하지 않아요. 흐릿한 0이나 찌그러진 1은 없어요. 온전하게 0은 영원히 0이고, 1은 영원한 1일 뿐이지요. 만약 여러분 눈앞에 펼쳐진 멋진 한라산 풍경을 디지털 카메라로 촬영한다면 그 순간의 한라산은 영원히 변하지 않는 0과 1로 남는 거예요. 디지털 세상 속 0과 1은 영원히 살아 있는 '불멸의 존재'가 되는 거지요.

물론 데이터를 보관하는 CD나 DVD, 하드디스크, USB 메모리 같은 것들은 제각기 수명이 있어서 시간의 흐름에 따라 훼손되거나 망가질 수 있어요. 그렇기 때문에 적절한 시점에 최신 하드웨어로 디지털 데이터를 옮겨 담아야 영구 보존이 가능하다는 사실을 잊지 않는 것도 중요해요.

외계인에게 보낸 편지

여러분은 외계인이 존재한다고 믿나요? 그렇다면 언젠가 만나게 될 외계인과 대화를 할 때 어떤 언어를 사용할 건가요? 외계인이 있다고 믿는 과학자들은 디지털 언어로 소통할 수 있다고 생각했어요. 인류의 공용어인 영어가 아니라 디지털 언어를 우주 공용어라고 생각한 거지요.

과학자들은 1974년, 대서양의 푸에르토리코에 있는 아레시보 천문대에서 우주를 향해 1,679개의 0과 1을 전파로 쏘아 보냈어요. 혹시 존재할지도 모를 우주 생명체로부터 메시지가 오기를 기대하면서 말이에요. 다행히 우주 공간은 대부분 텅 비어 있어서 전파가 멀리멀리 날아갈 수 있었어요.

1,679개의 0과 1에는 지구인이 사용하는 1부터 10까지의 숫자, 사람의 DNA 정보, 사람의 모습 등 외계 문명에게 지구를 알리는 다양한 요소와 인류에 대한 소개를 담았어요. 만약 외계인이 디지털 신호를 알아봤다면, 이 작은 엽서에 0은 하얀색으로 1은 검은색으로 칠해보고는 '지구에 생명체가 문명을 이루고 살고 있구나'라고 생각했을 거예요.

과학자들은 외계에서 오는 인공 전파가 있는지 매일 안테나로 관측했지만 안타깝게도 다른 별에서 오는 신호를 찾아내지 못했어요. 이제는 혹시 존재할지도 모를 우주 생명체로부터 영원히 답을 받을 수 없을지도 몰라요.

 2020년 12월 1일, 57년 동안 천문학자들의 눈이 되어주었던 아레시보 천문대 전파망원경의 철제구조물이 떨어지면서 반사망원경이 부서져버렸거든요.

 외계로 보낸 편지에 대한 이야기는 역사 속으로 사라져버렸지만 외계인과 교신을 시도할 수 있던 수단이 디지털 언어밖에 없었다는 사실은 영원히 기억될 거예요.

컴퓨터를 위한 글쓰기, 코딩

우리는 끊임없이 글쓰기를 해요. 축하나 감사하는 마음을 담은 편지부터 잘못을 뉘우치기 위한 반성문, 흥미로운 소재로 쓴 소설, SNS에 올리는 짧은 글까지 다양한 종류의 글을 쓰지요.

최근에는 컴퓨터를 위한 글쓰기를 하는 사람이 많아지고 있어요. '컴퓨터는 책 읽는 기계'라는 표현을 기억하나요? 컴퓨터는 혼자서 마음대로 할 수 있는 일이 아무것도 없어서 사람이 쓴 글을 읽고 그대로 실행하기 때문에 명령이 필요하다고 했어요.

그래서 컴퓨터가 발명된 이후로 사람들은 책상 앞에 앉아 컴퓨터로 모든 것을 만들어내고 있어요. 직접 도구를 이용하여 자르고 붙이고 다듬지 않아도, 수십 줄에서 수십억 줄의 명령문만 입력하면 사람이 해야 하는 귀찮은 일을 컴퓨터가 뚝딱 해주기 때문이지요.

미국 IT 업계를 이끌어가는 기업 페이스북, 아마존, 넷플릭스, 구글의 직원들이 주로 하는 일도 명령문 즉, 컴퓨터가 읽는 글을 쓰는 거예요. 이처럼 컴퓨터에게 시킬 일을 논리적인 글로 쓰는 작업을 '코딩'이라고 해요.

논리적인 글쓰기란 무엇을 의미할까요? 또, 논리적인 말하기란 무엇일까요? 어떤 문제에 대해서 자신의 주장을 다른 사람에

게 전달하려면 논리적으로 일관성 있게 설명해야 해요. 컴퓨터가 읽는 글을 쓸 때는 이보다 훨씬 엄격한 논리가 있어야 해요. 조금이라도 순서에 맞지 않거나 논리에 맞지 않으면 컴퓨터는 알아듣지 못하거든요. 컴퓨터에게 척하면 척 알아듣는 것을 기대하면 안 돼요. 컴퓨터에게 명령할 글을 쓰는 작업은 매우 규칙적이고 논리적으로 타당해야 하지요. 신호등을 동작시키라는 명령을 한 번 내려볼까요?

"컴퓨터야. 빨간색등, 초록색등을 껐다 켰다 해줘. 그 중간에는 노란색등을 켜주고. 그런데 빨간색과 초록색은 10초간 켜야 되고, 노란색은 3초만 켜면 돼. 이제 계속 반복해줄래?"

우리는 이 명령을 이해하고 실행하는 데 어려움이 없어요. 명령대로 스위치를 일일이 조작해서 신호등을 작동시키면 되지요. 하지만 컴퓨터는 이 명령을 이해하지 못해요. 명령문에 여러 가지 오해의 소지가 있기 때문이에요. '빨간색등과 초록색등을 동시에 켤 수도 있다는 건가?', '반복은 몇 번이나 하는 거지?', '빨간색등과 초록색등 중간에 노란색등을 켜고, 초록색등과 빨간색등 중간에는 어떻게 해야 하는 거지?', '빨간색등과 빨간색은 같은 것인가?'

이러한 오해의 소지를 없애기 위해서 코딩을 할 때 논리적인 글쓰기가 필요한 거예요. 그렇다면 다음과 같이 명령하면 컴퓨터는 알아들을 수 있을까요?

❶ 빨간색등을 켜고 10초간 기다려
❷ 빨간색등을 끄고 노란색등을 켜고 3초간 기다려
❸ 노란색등을 끄고 초록색등을 켜고 10초간 기다려
❹ 초록색등을 끄고 노란색등을 켜고 3초간 기다려
❺ 노란색등을 꺼
❻ 1부터 5를 반복해

컴퓨터는 이제야 명령을 실행할 수 있을 거예요. 컴퓨터가 한 치도 오해하는 일이 없도록 순서에 맞게 논리적으로 쓰였으니까요. 우리가 머릿속에서 떠오르는 대로 아무렇게나 글을 써 내려가면 컴퓨터는 알아듣지 못해요. 그렇기 때문에 코딩을 하기 전에 생각을 먼저 논리정연하게 정리하는 습관이 필요하지요.

컴퓨터는 기계언어 0과 1만 알아들을 수 있다고 했으니 사람도 0과 1로 명령문을 써야 하는 걸까요? 사실 사람이 0과 1만 사용해서 수십만 줄의 글을 쓰는 것은 불가능에 가까워요. 그래서 사람의 언어와 컴퓨터의 언어를 이어줄 중간 언어인 **프로그래밍 언어**가 생겨났지요. 사람의 언어는 프로그래밍 언어를 거친 후에야 비로소 0과 1로 번역되어 컴퓨터가 읽을 수 있게 되는 거예요.

자, 이제 프로그래밍 언어의 존재를 알았으니 코딩의 개념을 다시 정리해볼까요? 코딩은 컴퓨터가 실행할 문장들을 순서에 맞게 논리적으로 쓰는 글쓰기예요. 이 글쓰기에 사용되는 언어는 프로그래밍 언어고요. 사람은 프로그래밍 언어만 익히면 컴퓨터에게 어떤 명령이든 내릴 수 있어요. 프로그래밍 언어는 기계어(기계언어)로 알아서 번역되니, 이제부터는 기계어에 관한 얘기는 잠시 잊어도 좋아요.

누구나 할 수 있는 코딩

코딩은 누구나 혼자서 할 수 있어요. 복잡한 수학 공식이나 과학 지식이 필요하지도 않고, 컴퓨터 전공자가 아니어도 되지요. 코딩은 컴퓨터에게 명령을 내리기 위한 논리적인 글쓰기일 뿐이니까요.

미국의 컴퓨터 소프트웨어 회사 마이크로소프트를 설립한 빌

게이츠는 중학생 때 코딩의 매력에 푹 빠져 학교 컴퓨터실에서 혼자 코딩 연습을 했다고 해요. 페이스북을 창업한 마크 저커버그도 중학생 때 처음 코딩을 배웠고, 미국 전기자동차 회사 테슬라의 최고경영자 일론 머스크도 마찬가지로 혼자서 코딩을 공부했다고 해요. 이처럼 IT 업계에서 성공한 개발자들 대부분은 정식으로 코딩을 배우지 않았어요. 어렸을 때부터 관심을 갖고 코딩을 시작했거나 어른이 된 후에 독학으로 터득했지요.

  이들은 왜 코딩을 하게 되었을까요? 자신의 아이디어를 아무도 대신 구현해주지 않았기 때문이에요. 코딩을 모른다면 아무리 좋은 아이디어가 떠올라도 바로 실행하기가 쉽지 않거든요. 아이디어를 그대로 묵혀두거나 주변에 누군가에게 대신 코딩을 해달라고 부탁해야 하지요. 하지만 코딩을 할 줄 안다면 컴퓨터 한 대로 자신의 아이디어를 바로 제품으로 만들어 빠르게 세상에 보여줄 수 있어요. 코딩은 자신의 아이디어를 스스로 구체화할 수 있는 유일한 수단인 셈인 거지요. 물론 코딩이 아닌 다른 방법으로 아이디어를 구현할 수도 있어요. 회사를 차려서 사무실을 빌리고 직원을 고용하여 공장에서 제품을 만드는 거예요. 하지만 이런 과정을 거치려면 시간과 비용이 매우 많이 들 거예요.

  대구에 사는 한 중학생은 자신이 떠올린 아이디어를 코딩하여 웹사이트와 스마트폰 애플리케이션을 만들었어요. '코로나나우'

는 국내 지역별 코로나 바이러스 감염자 수를 실시간으로 확인하고, 코로나19 관련 주요뉴스와 전 세계 동향을 한눈에 보여주는 프로그램이에요. 현재 필요한 정보를 가장 빠르고 쉽게 파악할 수 있어 유용하다는 평가를 받고 있어요. 놀랍게도 이 중학생 개발자는 책과 포털 서비스 검색, 유튜브 등을 통해 코딩을 배웠고, 아이디어를 실행시키는 데 일주일 정도밖에 걸리지 않았다고 해요.

미국의 10대 소녀 사마이라 메타는 여섯 살에 코딩을 처음 배운 후, 친구들에게 쉽고 재미있게 코딩을 알려줄 방법을 고민하다가 '코더버니즈'를 만들었어요. 코더버니즈는 게임 카드에 적힌 코딩 개념을 바탕으로 토끼를 움직여 최종 목적지에 보내는 보드게임이에요. 메타는 전 세계 어린이들 모두가 코딩을 할 수 있는 세상을 만들기 위해 자신의 회사를 설립했어요.

이처럼 코딩은 일상의 아이디어를 구체적으로 구현하여 어려움을 해결하는 훌륭한 기술이에요. 코딩은 더 이상 선택 과목이 아니지요. 사회 전체가 여러분에게 코딩으로 무언가를 만들어보라고 격려하고 있으니 말이에요.

스티브 잡스

모든 사람이 코딩을
배워야 합니다.
코딩은 생각하는 방법을
가르쳐주기 때문이지요.

마크 저커버그

다음 세대는
프로그래밍을
읽기와 쓰기처럼
가르치고 있을 겁니다.

버락 오바마: 코딩을 배우는 것이 여러분의 미래는 물론 조국의 미래에도 매우 중요합니다.

빌 게이츠: 코딩은 모든 문제에 대해 새로운 해결책을 키워줍니다.

코딩을 하면 저절로 따라오는 친구, 컴퓨팅 사고력

일상생활에서 화가 나는 일이 생겼을 때 울고, 떼쓰고, 억지를 부리면 문제가 해결될까요? 또는 하기 싫은 일은 미루고 하고 싶은 일만 골라서 한다면 일을 효율적으로 끝낼 수 있을까요? 어떤 문제에 직면했을 때 감정적으로 처리하다 보면 해결되기는커녕 더욱 꼬여버리고 말 거예요. 마찬가지로 컴퓨터에 무언가를 시킬 때도 자신의 감정대로 순서 없이 마구잡이로 코드를 써버리면 오류만 발생해요. 하지만 문제가 생겼을 때 먼저 문제를 이해하고 해결 가능한 방법을 떠올려서 차근차근 풀어간다면 어려움은 금방 해결될 수 있어요. 이처럼 복잡한 문제를 해결하기 쉽도록 작은 단위로 나누고 절차적으로 생각하는 사고방식을, '컴퓨팅 사고력'이라고 해요.

컴퓨팅 사고력은 **문제 분해**, **패턴 파악**, **추상화**, **알고리즘** 4단계로 구성할 수 있어요. 문제 분해는 복잡한 문제를 해결 가능한 작은 단위로 쪼개는 단계예요. 큰 문제

는 한 번에 해결하기 어렵지만 작게 나누어 생각하다 보면 해결이 가능해지거든요. 공통된 해결 방법을 찾았다면 비슷한 것끼리 묶어서 패턴을 파악해요. 공통점을 묶어서 표현하면 복잡함을 줄일 수 있지요. 그런 다음 필요하지 않은 요소를 없애고 핵심적인 특징만 남겨두는 추상화 작업을 해요. 불필요한 부분을 제거하면 문제를 훨씬 단순하고 쉽게 만들 수 있으니까요. 마지막으로 이 모든 과정을 단계적이고 반복적인 절차로 표현하는 거예요. 이 순서도를 알고리즘이라고 해요. 과정의 순서를 지키지 않는다면 문제를 해결하기는커녕 일이 더 꼬여버릴 수 있어요.

우리 생활에서 맞닥뜨린 문제를 컴퓨팅 사고력으로 해결해볼까요?

1 해결해야 할 문제	2 문제 해결을 위한 정보
대중교통을 이용하여 스케이트장에 갑니다.	❶ 집에서 스케이트장까지 걸리는 왕복 시간 ❷ 이용할 교통수단 ❸ 입장료 ❹ 스케이트화 대여

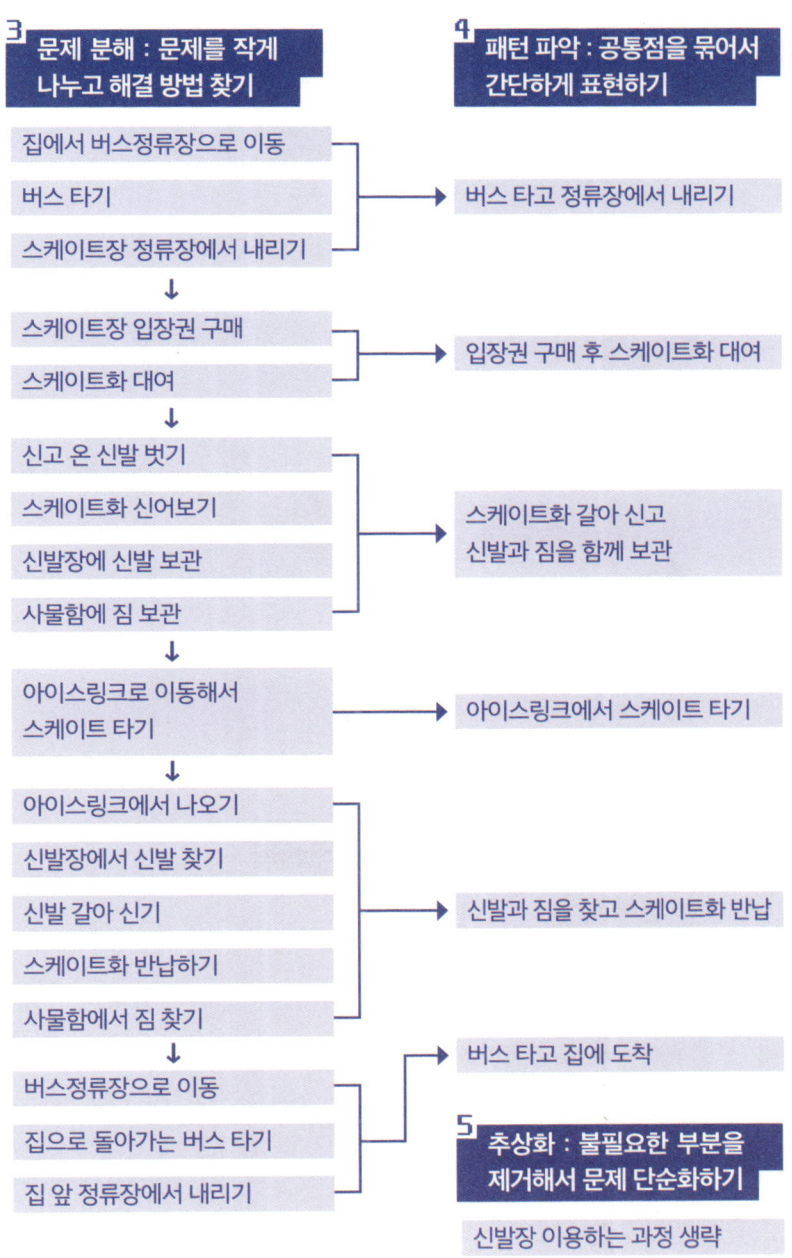

5 알고리즘 : 과정을 순서대로 표현하기

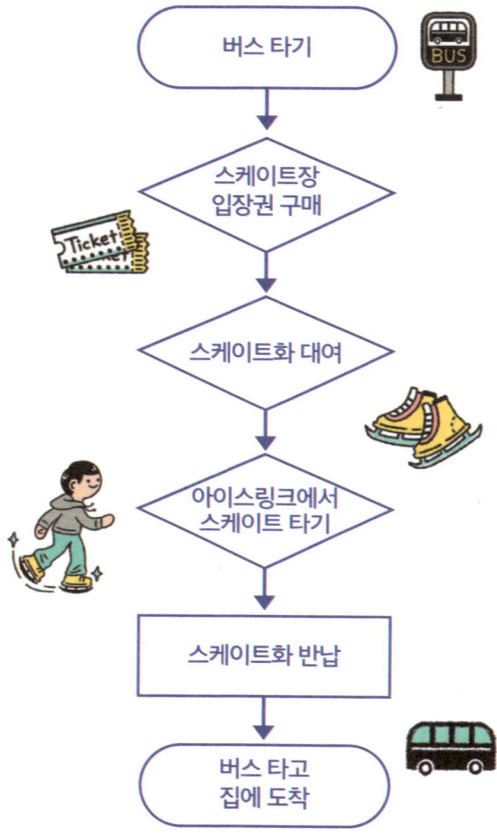

　이렇게 해결해야 할 문제를 머릿속에서 간단하게 정리하여 절차를 표현하면 빠르고 정확하게 처리할 수 있어요. 모든 소프트웨어 프로그램도 문제를 분해하여 패턴을 찾고 추상화해서 알고리즘을 작성하는 방식으로 만들어졌어요. 그러니 컴퓨터에게 명령을 실수 없이 실행시키려면 이런 절차적 사고가 꼭 필요하지요. 컴퓨터가 알아들을 수 있는 논리로 체계적인 코딩을 하다 보면 창의적으로 생각하는 능력은 물론, 생활 속 다양한 문제를 쉽게 해결하는 데 도움이 될 거예요.

버그 없는 프로그램은 없다

프로그래머가 쓴 글에 들어 있는 오류들을 **버그**[bug]라고 불러요. 예전에 컴퓨터에 오류가 발생한 적이 있는데, 알고 보니 컴퓨터 속으로 들어간 벌레[bug] 때문이었다고 해요. 그 이후로 프로그램에 오류가 생기면 '버그가 생겼다'라고 말하기 시작했어요. 반대로 이 버그를 잡는 행위는 **디버깅**[debugging]이라고 해요. 디버깅은 프로그램의 잘못을 찾아내고 고치는 작업이에요.

우리가 글을 쓰거나 문자를 보낼 때 가끔 맞춤법이나 단어를 틀리는 경우가 있듯이, 프로그래머도 프로그램을 작성할 때 문법에 맞지 않는 문장을 쓰는 경우가 있어요. 이때 컴퓨터는 잘못 쓴 문장을 번역하지 못하기 때문에 번역 오류를 발생시켜요. 사람은 문법적으로 틀린 문장일지라도 뜻을 이해할 수 있지만 기계는 이해하지 못하거든요. 컴퓨터 내부에 있는 컴파일러가 마음대로 번역을 할 수 없기 때문이에요. 처음부터 버그가 없는 프로그램을 만들면 좋겠지만 소프트웨어 회사에서 일하는 프로그래머가 작성해야 하는 글은 수만 줄이 넘는 경우가 대부분이에요. 게다가 프로그래머 한 명이 작성한 코드는 동료 프로그래머가 작성한 코드와 합쳐지기 때문에 수십 명이 함께 작성한 코드에서 일일이 버그를 발견하기란 어려운 일이지요.

한 회사의 프로그램은 다른 회사 프로그램들과 같이 작동되어야 해요. 인터넷 쇼핑몰의 회원가입을 하는 프로그램, 상품을 장바구니에 담는 프로그램, 신용카드를 등록하고 결제하는 프로그램 그리고 주문한 물건의 정보를 택배회사로 보내는 프로그램까지 전부 조직적으로 작동하는 거예요. 만약 어떤 한 프로그램에서 오류가 발생하면, 우리 회사 프로그램의 버그인지 아니면 다른 회사 프로그램의 버그인지부터 추적해야 해요. 어쩌면 각각의 프로그램은 아무 문제가 없는데 2개의 프로그램이 합쳐지면서 문제가 발생한 것일 수도 있어요. 그렇기 때문에 프로그램에 문제가 발생했다 하더라도 어느 코드에 버그가 숨어 있는지 발견하기란 쉽지 않아요.

프로그래머들은 이 버그를 찾기 위해 프로그램이 자동으로 '로그 파일'을 기록하도록 코딩을 해요. 로그 파일은 자동차 블랙박스와 같은 역할을 해요. 프로그램이 실행될 때 어떤 코드가, 언

제, 어떤 경로로 실행되었는지를 메모리에 자동으로 기록하는 거지요. 이렇게 로그 파일이 기록되면 나중에 오류가 발생했을 때 해당 로그 파일을 열어 바로 디버깅을 시작할 수 있어요.

  때에 따라서는 소스코드를 새롭게 작성하는 것보다 디버깅하는 데 시간이 더 오래 걸리기도 해요. 또 디버깅 과정을 거치고도 버그를 다 잡아내지 못한 채 프로그램을 서둘러 출시해야 하는 경우도 있어요. 여러분이 사용하는 프로그램에도 버그가 있을 거예요. 아무리 완벽해 보이는 프로그램도 결국 사람이 작성했기 때문에 오류가 없을 수는 없어요. 그래서 애플과 같은 세계적인 회사도 자신의 소프트웨어에 버그가 있었고 수정했다고 당당히 밝힐 수 있는 거예요. 여러분이 몇 달에 한 번씩 스마트폰의 소프트웨어를 업데이트하는 이유도 이 때문이지요. 기존에 사용하던 소프트웨어에서 버그가 발견되어서 이것을 고친 소프트웨어를 새로 제공하는 거거든요.

코딩과 프로그래밍은 어떻게 다를까?

코딩과 프로그래밍은 굳이 구별할 필요가 없을 정도로 비슷한 의미로 쓰일 때가 많아요. 하지만 엄밀히 말하면 다르다고 할 수 있어요. 코딩이 컴퓨터가 읽을 코드를 쓰는 거라면 프로그래밍은 프로그램을 전체적으로 설계하고 만드는 과정을 아우르는 거예요. 즉, 코딩은 프로그래밍에 속한 하위 개념이라고 할 수 있어요.

코딩은 한 언어를 다른 언어로 변환하는 거예요. 〈안녕이라는 단어를 모니터에 출력해〉라는 한국어를 프로그래밍 언어 중 하나인 '파이썬'의 코드로 변환하면 print("안녕")이 돼요. 이때 코딩을 하는 코더는 컴퓨터가 실행할 여러 가지 명령어를 프로그래밍 언어의 문법에 맞는 코드로 변환하는 역할을 해요.

이에 반해 프로그래밍은 단순히 코드를 작성하는 것 이상을 해요. 코딩이 프로그래밍 언어를 사용해서 명령문을 쓰는 일이라면, 프로그래밍은 프로그램이 제대로 실행될 수 있도록 계획부터 설계, 코딩, 디버깅 그리고 테스트까지 하는 전 과정을 말해요.

'볼링 게임' 프로그램을 만들어볼까요? 먼저, 재미있는 게임이 될 수 있는 다양한 아이디어를 생각해요. 그리고 게임을 혼자 할지 여러 명이 함께 할지 구체적으로 계획해요. 그런 다음 알고리즘을 작성하여 게임을 어떻게 실행할지 설계하는 거예요. 이제 볼링 게임이 동작할 수 있도록 컴퓨터가 이해하는 명령어를 코드로 변환하는 코딩 과정을 거쳐요. 아직 끝난 게 아니에요. 컴퓨터 프로그램에 오류가 발생하면 디버깅도 해야 하고, 여러 환경에서 문제없이 돌아가는지 테스트도 해야 하지요. 볼링 게임을 실행하는 데 더 효율적인 프로그래밍 언어를 찾아야 할 때도 있고, 구형 스마트폰에서도 돌아갈 수 있도록 알고리즘을 다시 수정해야 하는 경우도 있어요.

코딩이 정해진 알고리즘과 설계 방식에 따라 단순하게 코드를 입력하는 것이라면, 프로그래밍은 기획과 설계, 알고리즘 작성, 코딩, 디버깅, 테스트까지 모든 과정을 포함하는 더 넓은 개념이에요. 그래서 코딩이 프로그래밍 안에 포함된다고 할 수 있는 거예요.

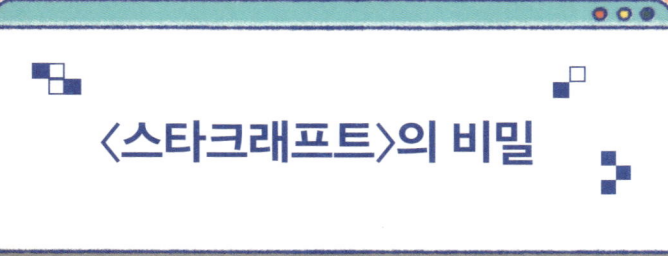

〈스타크래프트〉의 비밀

　인류와 외계 종족이 전쟁을 하는 〈스타크래프트〉는 미국의 '블리자드'라는 엔터테인먼트 회사에서 제작한 게임이에요. 우주에서 펼쳐지는 모험과 전쟁을 소재로 한 〈스타크래프트〉는 최고의 인기를 누리면서 정상 궤도에 올랐지요. 하지만 1990년대만 해도 아주 형편없는 게임이라는 냉혹한 평가를 받았어요. 게임 개발자들은 평가에 낙심했지만 좌절하지 않고 만족스러운 게임이 될 때까지 '다시 만들기'를 멈추지 않았어요. 개발자에게 다시 만들기란 밤낮없이 글을 쓰고 또 쓰고, 지우고 고치는 일을 반복하는 일이었어요.

　이렇게 모여서 함께 써 내려간 문장은 무려 550만 줄이에요. 우리가 읽는 책으로 비교해보면 550만 줄이란 작가 한 명이 매일 250줄씩 60년간 글을 썼을 때 나오는 어마어마한 분량이지요.

　열심히 써 내려간 글을 컴퓨터가 읽어 실행시킨 것이 바로 세계 게임 역사에 한 획을 그은 〈스타크래프트〉예요. 550만 줄의 글로 모니터 속에서 새로운 세상을 창조해낸 뛰어난 작품이지요.

　모니터 속 세상이 우리가 사는 현실세계에 비하면 많은 부분이 부족하지만 글자만으로 하나의 다른 세계를 창조해낸다는 것이 대단하지 않나요?

이처럼 코딩으로 새롭게 창조한 세계에서 집도 짓고, 건물도 짓고, 도시도 건설할 수 있어요. 코딩을 모르는 누군가는 컴퓨터로 게임을 즐기기만 하겠지만 누군가는 게임을 개발할 수 있는 거예요. 자, 이제 여러분은 어느 편을 택하시겠어요?

사람과 컴퓨터를 이어주는 프로그래밍 언어

프로그래밍 언어는 세계 공용어

사람이 사용하는 언어를 '자연어'라고 부른다면 컴퓨터가 알아듣는 언어는 '프로그래밍 언어'라고 해요. 자연어는 많은 사람이 사용하면서 자연스럽게 언어가 되었기 때문에 지역이나 문화마다 문법도 다르고, 말하는 사람의 의도를 파악하기 힘든 경우가 종종 있어요. 이에 비해 프로그래밍 언어는 전문가들이 특별한 목적을 갖고 인위적으로 만들어서 문법도 단순하고, 사용하는 사람의 의도도 바로 파악할 수 있지요. 애초에 기계가 이해하도록 단순하게 만든 언어니까요.

프로그래밍 언어는 21세기 수많은 발명품을 탄생시키는 데 결정적인 역할을 하고 있어요. 자율주행차, 로봇, 드론 그리고 바이러스 백신에 이르기까지 프로그래밍 언어의 도움 없이 탄생한 것은 없어요. 2013년에 3명의 과학자들은 실험실에서 직접 실험을 하지 않고도 복잡한 화학반응을 컴퓨터에서 예측해주는 프로그램을 개발해 노벨화학상을 받았어요. 또한, 자율주행차에 교통법규를 지키도록 프로그래밍하여 신호나 속도 위반으로 인한 사고율을 줄일 수 있도록 했어요. 코로나19 백신을 개발할 때도 마찬가지예요. 인공지능 프로그램이 없다면 코로나19 치료에 효과적인 항체를 골라내기가 훨씬 힘들 거예요. 상품을 얼마나 많이 누구에게 팔았는지 통계를 분석할 때도 프로그램을 활용하면 정확하고 빠르게 데이터를 모을 수 있어요. 이처럼 프로그래밍 언어는 컴퓨터에게 효율적으로 일을 시키기 위해 만든 특수 제작 언어예요. 그러니 프로그램을 만들려면 이 언어를 익혀야 코딩을 할 수 있어요.

우리가 사용하는 프로그램들은 모두 특정 프로그래밍 언어로 작성된 거예요. 이 프로그래밍 언어 대부분은 영어를 기반으로 제작되었어요. 프로그래밍 언어를 개발한 사람들 대부분이 미국, 영국, 캐나다, 호주와 같은 영어권 출신이기 때문이지요. 또, 영어가 공용어이다 보니 영어 기반으로 프로그래밍 언어를 만들어야 여러 나라에서 널리 쓰일 수 있어요. 네덜란드나 일본, 브라질에서 개발된 언어가 모두 영어가 기반인 이유도 그 때문이에요. 프로그래머가 영어를 잘한다면 프로그래밍 언어를 배우는 데 유리한 것이 사실이에요. 해당 프로그래밍 언어에 대한 설명 자료나 예시 대부분이 영어로 작성되어 있으니까요. 하지만 영어를 못한다고 해서 걱정할 필요는 없어요. 프로그래밍 언어 자체에 사용되는 영어는 워낙 간단해서 초보자라도 금방 익힐 수 있거든요.

"만약 1, 2, 3, 4, 5 중에 4가 있다면 '4가 있습니다'를 출력해라"를 프로그래밍 언어로 바꾼다면 'if 4 in [1,2,3,4,5]: print("4가 있습니다")'가 돼요. 마치 영어문장과 비슷하지 않나요?

이렇게 프로그래밍 언어와 자연어가 비슷해지면서 코딩을 배우는 것이 한결 쉬워졌어요. 또, 초보자에게 편리한 프로그래밍 도구도 많아서 손쉽게 새로운 프로그램을 만들 수 있지요.

최근에는 지구촌 공통으로 사용하는 프로그램을 만들기 위해 한국, 미국, 일본, 중국, 인도 등 다양한 나라의 인재들이 한 가지 언어로 공동 작업을 하고 있어요. 바로 프로그래밍 언어를 통해서 말이에요. 다양한 인류의 지식이 프로그래밍 언어를 기반으로 한곳으로 모이고 있는 거지요. 사용하는 언어가 다른 경우에는 서로 교류를 하고 싶어도 언어의 장벽에 가로막혀 있었어요. 영어를 공용어로 사용하긴 하지만 영어를 모국어로 쓰는 사람보다는 외국어로 쓰는 사람이 훨씬 더 많거든요. 그래서 언어별로 따로따로 자신들만의 세계와 지식을 만들며 살아왔지요. 프로그래밍 언어가 없었다면 다른 언어를 사용하는 민족들이 모여 하나의 발명품을 함께 개발할 수 없었을 거예요. 덕분에 최근의 기술 발전 속도는 이전의 어떤 시대보다도 더 빨라지고 있어요. 그러니 여러분도 지구촌 모든 민족과 지식을 교류하고 기계와도 소통이 가능한 프로그래밍 언어를 배워보는 것이 어떨까요?

프로그래밍 언어의 역사

컴퓨터는 사람이 작성한 코드를 어떻게 이해하는 걸까요? 프로그래머가 프로그래밍 언어 중 하나인 'C 언어'로 코드를 썼다고 가정해볼게요. 컴퓨터는 0과 1인 기계어만 이해할 수 있으니 C 언어 코드는 그대로 이해하지 못해요. 영어가 아닌 0100000111과 같은 숫자만 읽을 수 있으니까요.

그래서 초창기 프로그래머들은 기계어로만 코딩을 했어요. 프로그래머가 0과 1로 코드를 써서 기계와 직접 소통을 한 거지요. 기계어는 최초의 프로그래밍 언어이기 때문에 **1세대 언어**라고 해요. 사람들은 0과 1보다 좀 더 사람의 언어에 가까운 것이 필요하다고 느꼈어요. 그래서 탄생한 것이 바로 **어셈블리어**^{assembly language}예요. 예를 들어, '더하기'를 의미하는 '111111'을 'PLUS'라고 부르기로 약속하는 거예요. 그러면 프로그래머는 '더하기'가 기계어로 무엇인지 외우고 다닐 필요 없이 그냥 'PLUS'를 쓰면 되지요. 자동으로 '111111'로 치환이 되니까요.

이렇게 프로그래밍 언어는 컴퓨터가 직접 알아듣는 기계어에서 특정 단어로 바꿔 소통하는 치환 언어로 발전했어요. 그런데 어셈블리어 코딩은 기계가 바뀔 때마다 새 기계에 맞춰서 다시 해야 하는 단점이 있었어요. 그래서 기계마다 새로 코딩할 필요가 없는 **C 언어**를 개발하게 되었지요. 이 언어에는 번역기가 중간에 존재해서 C 언어 코드를 기계어 코드로 자동으로 번역해줘요. C 언어는 세 번째로 등장했기 때문에 3세대 언어, 고급 언어라고 불리기도 해요. 그렇다면 고급 언어보다 더 높은 수준의 언어도 있을까요?

  전 세계 개발자들은 사람의 자연어를 그대로 이해하는 인공지능을 개발하려고 여전히 노력 중이에요. 이미 사람이 말로 명령하면 인공지능이 해석해서 대신 코딩해주는 시대에 접어들고 있어요. 신나는 음악을 틀어달라고 자연어로 명령을 하면 인공지능이 명령을 알아서 해석하여 기계어로 바꾸고있지요. 이렇게 여러분이 대충 말해도 중간에 인공지능이 의미를 해석해서 컴퓨터에게 전달한다면 프로그래밍 언어를 배우지 않아도 될지 몰라요. 프로그래밍 언어를 배우는 이유는 기계에게 무언가를 시키기 위해서니까요. 하지만 컴퓨터와 사람이 자유롭게 소통하게 되더라도 지배당하지 않고 우리의 영역을 끝까지 지키려면 발전하는 프로그래밍 언어를 지속적으로 익혀야 할 필요가 있어요.

프로그래밍 언어의 종류

　2020년 기준으로 지구상에서 사용되고 있는 자연어의 개수는 7,117개예요. 이 7,000여 개의 언어 중에서 많이 사용되는 언어는 고작 몇십 개뿐이고 나머지는 점차 사라지고 있어요.

　그렇다면 세상에 존재하는 프로그래밍 언어는 과연 몇 개나 될까요? 공식적인 통계를 찾기 어렵지만 적어도 700개가 넘는 것으로 알려져 있어요. 프로그래밍 언어 중에는 자연어처럼 사라지고 있거나 사라질 위기에 처한 것도 있지요. 그럼에도 여전히 개발자들은 더 편하고 효율적으로 코딩하기 위해 끊임없이 새로운 프로그래밍 언어를 개발해서 보급하고 있어요. 그중에서도 C 언어, 자바, 파이썬, C++ 등은 이미 대중적으로 사용되고 있어요.

　코딩에 관심 있는 사람이라면 한 번쯤은 들어봤을 이 프로그래밍 언어의 생김새가 얼마나 다른지, 주요 쓰임새는 어떠한지, 특성은 무엇이 있는지 자세히 알아볼 거예요. 그에 앞서, 코딩을 처음 배울 때 가장 흔하게 등장하는 프로그램을 먼저 소개할게요. 바로 "Hello World!"라는 글자를 모니터에 출력하는 거예요. 이 Hello World 프로그램은 전 세계 대부분의 사람들이 코딩을 처음 시작할 때 접하는 예제예요. 물론 예제를 모두 외울 필요는 없어요. 여러 번 자주 보면서 형식을 익히는 것이 훨씬 중요하거든요. 그럼 이제부터 다양한 프로그래밍 언어를 통해 "Hello World!"를 출력하는 소스코드를 구경해볼까요?

C 언어

C 언어는 B 언어 다음으로 만들어져서 붙여진 이름이에요. 1970년대에 개발되었지만 여전히 가장 많이 사용되고 있는 언어지요. 고급 언어임에도 불구하고 하드웨어를 직접 조종할 수 있다는 장점이 있거든요. C 언어만으로도 에어컨, 스마트 TV, 스마트 냉장고 같은 것들을 만들 수 있으니 널리 이용될 수밖에요.

C 언어로 작성한 Hello World 프로그램의 소스코드는 다음과 같아요. 소스코드를 기계어로 번역하면 HelloWorld.exe라는 실행파일을 만들 수 있어요. 이것을 더블클릭하면 컴퓨터는 모니터에 'Hello World!'라는 글자를 출력하지요.

```
#include stdio. h
int main(void){

printf("Hello World!" );
return 0;
}
```

자바

자바는 미국의 한 IT 회사인 선마이크로시스템스에서 개발한 언어예요. 자바 언어는 '자바가상머신'이 실시간 통역을 수행해요. C 언어가 영어책을 한국어로 번역하는 거라면, 자바 언어는 누군가 영어책을 읽을 때마다 자바가상머신 프로그램을 통해 한국어로 실시간 통역을 해주는 거에요. 자바는 C 언어보다 배우기 쉽고 대중적인 언어예요. 어떤 컴퓨터에서도 똑같이 돌아가며 읽기 편하다는 장점이 있어요. 하지만 자바가상머신이 꼭 필요하며 C 언어보다 2~3배 느리다는 것, 시처럼 압축적이지 않고 소설처럼 길다는 단점이 있어요. 자바언어로 쓴 소스코드를 볼까요?

```
class HelloWorld {
static public void main( String args[] ) {
System. out. println("Hello World!");
}

}
```

C++

C++ 언어는 덴마크의 컴퓨터 과학자 비야네 스트롭스트룹이

C 언어를 바탕으로 만든 언어예요. 거대하고 복잡한 프로그램을 만들 때 전체적인 순서도를 먼저 그려놓고 순서대로 코딩하는 것은 매우 어려운 일이에요. 그래서 소스코드를 여러 부품으로 쪼개서 하나하나 완성한 후에 다시 모아서 조립하는 방법을 찾았지요. 이런 방법으로 코딩해둔 부품들을 다른 사람들이 그대로 복사해서 프로그램을 만들 수 있도록 C++ 언어를 개발한 거예요. C++ 언어로 작성한 소스코드는 다음과 같아요.

```
#include <iostream. h>
main()
{
cout ≪ "Hello World!" ≪ endl;
return 0;
}
```

자바스크립트 언어

웹사이트를 만들고 싶다면 자바스크립트 언어를 반드시 익혀야 해요. HTML이 웹페이지의 기본 구조를 담당하고, CSS가 디자인을 담당한다면, 자바스크립트는 그 안에서 동적으로 돌아가는 간단한 프로그램을 담당해요. 웬만한 홈페이지에서 '소스 보기'라는 것을 보면 이 언어로 만든 프로그램이 삽입되어 있어요. 컴퓨터 과목 시간에도 한 번쯤은 들어봤을 만큼 친숙하게 느껴지지 않나요? 자바스크립트로 쓴 소스코드는 다음과 같아요.

```
<html>
<body>
<script language="JavaScript" type="text/javascript"
document.write( 'Hello World!' );
</script>
</body>
</html>
```

파이썬

최근에 가장 각광받는 언어는 네덜란드 수학자 귀도 반 로섬이 개발한 파이썬이에요. 2020년에 미국 국제전기전자기술자협회(IEEE)에서 발표한 '세계 프로그래밍 언어 랭킹'에서도, Java, C, C++를 제치고 당당히 1위를 차지했어요. 파이썬은 문법이 간결하고 표현 구조가 사람의 사고 체계와 닮아 쉬운 방법으로 생산성을 높일 수 있다는 것이 특징이에요. C 언어보다는 동작 속도가 느리지만 1줄만으로 "Hello World!"를 출력시킬 수 있을 만큼 쉽고 간단해서 다양한 분야에 활용이 가능하지요.

print('Hello World!')

이렇게 여러 가지 언어로 "Hello World!"를 출력하는 과정을 살펴봤어요. 프로그래밍 언어마다 장점과 단점이 다르고 쓰임새도 다르기 때문에 익숙해지려면 오랜 시간이 걸릴지 몰라요. 그래서 전문적인 개발자일지라도 새로운 프로그래밍 언어를 계속해서 배워야 하지요. 프로그래머라는 직업이 힘든 이유 중 하나는 늘 새로운 것을 익혀야 한다는 점이에요.

영어, 중국어, 프랑스어 등 다양한 언어를 구사할 줄 알면 넓은 세계를 직접 경험할 수 있듯이, 앞으로 여러분이 개발할 분야를 넓고 깊이 알아가려면 프로그래밍 언어를 배워두는 것이 좋아요. 일단 하나의 프로그래밍 언어에 익숙해지고 나면 상대적으로 적은 노력으로 다른 언어를 또 배울 수 있어요. 그러니 많다고 투덜대기보다 일단 한 가지 언어부터 골라서 눈에 익혀보는 것은 어떨까요?

'수' 자 돌림의 삼 형제: 상수, 변수, 함수

지금까지 프로그래밍 언어가 무엇이고 어떻게 발전했으며, 왜 다양하게 존재하는지 살펴봤어요. 이제부터는 프로그래밍 언어로 무엇을 코딩하는지 알아볼 거예요. 코딩의 대상이 되는 '수' 자 돌림 삼 형제부터 소개할게요.

첫째 형 '상수', 둘째 형 '변수' 그리고 셋째 형 '함수'까지 이 삼 형제의 성격을 알면 금방 친해질 수 있어요.

상수란 '변하지 않는 수'를 말해요. 1, 2, 3처럼 변하지 않고 고정된 값이지요. 우주에도 절대 변하지 않는 것들이 있는데 그중 하나가 '빛의 속도'예요. 빛은 어디에서든 1초에 약 3억 미터를 날아가요. 지구에서나 250만 광년 떨어진 안드로메다은하에서도 똑같은 속도로 움직이지요. 이렇게 변함없는 것들을 모두 상수라고 해요. 우주가 한 권의 수학책이라면 '빛의 속도'는 상수로서 설계되어 있다고 볼 수 있어요.

변수란 말 그대로 '변하는 값'을 말해요. 우리가 사는 이 세상의 대부분의 값은 변해요. 우주라는 수학책에서 온도, 계절, 시간 그리고 몸무게 등 변하는 것들은 변수를 담당하는 거예요.

'함수'는 상자를 뜻하는 '함函'에서 이름이 붙여진 것처럼 마법 상자에 빗대어 생각하면 쉬워요. 마법 상자에 1을 넣으면 100이

나오고 2를 넣으면 200이 나온다고 가정해볼까요? 무엇을 넣든 100씩 곱해지는 결괏값을 내놓는 마법 상자의 정체는 '곱하기 100'이라는 함수라고 할 수 있어요.

1이나 2는 마법 상자에 들어가는 숫자로 마음대로 바꿀 수 있으니까 입력 변수 x가 되는 것이고, 결괏값이 되는 100이나 200은 마법 상자에 입력된 값에 따라 바뀌니까 출력 변수 y가 되는 거지요. 곱하기를 할 때 100은 항상 고정된 값이므로 상수가 되는 거고요. 그러므로 변수들 x, y와 상수 100 사이의 관계를 정의하는 함수는 y=100x가 되는 거예요. 함수는 상수와 변수가 서로 어떤 관계를 맺고 있는지 말해주는 것이에요. 세상 모든 물리 공식이나 수학 공식이 바로 이 함수지요.

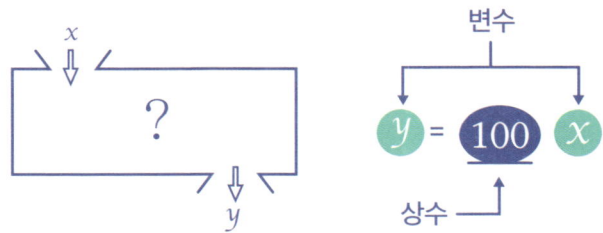

상수, 변수, 함수 삼 형제를 알면 우리가 살아가는 우주가 어떻게 설계되었는지를 파악할 수 있어요. 과학자들은 우주가 수학

이라는 언어로 설계되었다고 생각하거든요. 뉴턴은 힘(F)은 질량(m) 곱하기 가속도(a)의 관계를 갖는다는 것을 발견하고, **F=ma**라는 가속도의 법칙을 발표했어요. 어떤 물체를 힘을 주어 밀면 속도가 빨라진다는 당연한 사실을 함수로 표현한 거지요. 이처럼 우주를 지배하는 법칙은 모두 상수, 변수, 함수로 표현될 수 있어요. 비록 인류가 아직 그 공식을 발견하지 못했더라도요.

우리가 사는 우주가 이렇게 만들어졌듯이 여러분도 이 삼 형제로 가상세계라는 새로운 우주를 창조할 수 있어요. 예를 들어, 온라인 게임에서 광부 1명이 광물을 3개만 캘 수 있도록 설정했다면, 이 3개라는 숫자는 절대 변하지 않는 상수가 되지요. 법칙이기 때문에 광물 4개는 캘 수 없게 되는 거예요. 하지만 광부가 2명이라면 6개는 캘 수 있으니 광부의 수(x)와 광물의 수(y)는 변수가 되겠지요. 따라서 상수 3과 변수 x, y의 관계를 정의하는 함수는 y=3x가 되는 거예요. 이것이 바로 여러분이 창조한 가상 우주의 절대 법칙이 되는 거예요.

순서대로 읽지 않는 컴퓨터

컴퓨터가 이해할 수 있는 언어로 쓴 책을 프로그램이라고 한다면, 컴퓨터도 사람이 책을 읽는 것처럼 순서대로 프로그램을 읽을까요? 정답은 '아니요'예요. 프로그램은 줄거리가 있는 이야기책이 아니라서 순서대로 읽을 필요가 없어요. 만약 컴퓨터가 항상 순서대로만 글을 읽는다면 우리는 컴퓨터에 시킬 일을 일일이 시간 순서대로 적어놓아야 할 거예요. 컴퓨터에게 10시간 동안 일을 시키기 위해서는 10시간 동안 읽을 분량을 코딩해야 하지요. 하지만 특수 문법을 활용하면 사람이 무한정의 코드를 작성하지 않아도 컴퓨터가 계속적으로 글을 읽게 만들 수 있어요. 가령 어떤 문장을 순서대로 읽게 하거나, 읽지 않고 건너뛰도록 하는 거예요. 또는 반복해서 읽게 하는 거지요. 그러면 컴퓨터는 프로그램에 적힌 문장들을 반복해서 수백 번 읽거나 단 한 번도 읽지 않아요. 혹은 순서대로 읽다가 때로는 중간에 다른 곳으로 건너뛰기도 해요. 단, 컴퓨터가 읽을 문장과 읽지 않아도 되는 문장을 구별해주기 위해서는 중간에 특별한 독서 방법을 지시하는 명령어를 써야 해요.

미국의 매사추세츠공과대학교[MIT]에서는 초등학생들에게 코딩을 가르치기 위해 **스크래치**[scratch]라는 프로그래밍 언어를 만들었어요.

스크래치로 소스코드를 작성할 때 바로 **순차**, **선택**, **반복** 구조를 활용하는 거예요. '순차 구조'는 컴퓨터가 명령을 순서대로

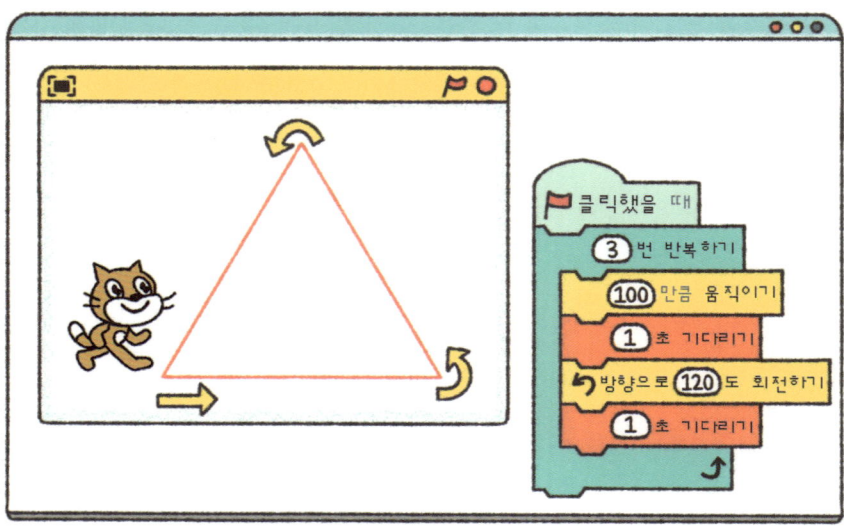

실행하도록 명령을 내리는 것, '선택 구조'는 주어진 조건에 따라 명령을 선택적으로 실행하도록 명령을 내리는 것 그리고 '반복 구조'는 조건을 만족할 때까지 반복하도록 명령을 내리는 거지요.

 지금까지 살펴본 프로그래밍 언어와는 다르게 명령이 블록으로 만들어져 있어서 마우스를 이용하여 쉽게 프로그램을 만들 수 있어요. 게임이나 애니메이션을 직접 만들어서 커뮤니티에 올려 다른 사람과 공유할 수도 있어요.

 그림의 코드에서 빨간색 깃발을 클릭하면, 100걸음 걸은 후에("100만큼 움직이기"), 1초간 기다렸다가("1초 기다리기"), 120도를 회전한 후에("120도 회전하기"), 다시 1초간 기다릴 거예요.("1초 기다리기"). 이렇게 순서대로 여러 명령을 실행하는 것이 순차 구조예요.

 이 4가지 명령을 3번 반복하게 되면("3번 반복하기") 반복 구조가 되는 거고요. 컴퓨터가 이 명령을 다 실행하면 고양이가 삼각형을 그리며 걷는 모습을 보게 될 거예요. 스크래치 프로그래밍 언어로 컴퓨터에게 일을 시켰고, 컴퓨터는 모니터 속 고양이를 통해 이 문장들을 하나도 빠뜨리지 않고 충실히 실행하는 거지요.

 스페이스키를 누르면("만약 〈스페이스 키를 눌렀는가?〉라

면"), "안녕!"을 1초 동안 말하라는 명령을 할 거예요.("〈안녕!〉을 1초 동안 말하기"). 이제 스페이스키가 눌러졌다는 조건을 만족하면 "안녕"을 1초 동안 말하지만, 스페이스키가 눌러지지 않으면 고양이는 아무 말도 하지 않을 거예요. 조건에 따라 실행할지 말지를 선택하는 것이 바로 선택 구조예요.

이처럼 순차 구조, 조건 구조, 반복 구조를 통해 알고리즘을 설계하고 프로그래밍하면 컴퓨터는 24시간 365일 동안 프로그램이라는 책만 읽으며 돌아가요. 코딩은 생각보다 어렵거나 복잡한 것이 아니에요. 사람은 컴퓨터가 읽을 수 있는 명령문을 쓰고, 컴퓨터는 사람이 쓴 코드를 읽어서 모니터 속 세상을 만드는 게 전부니까요. 지금도 전 세계에 존재하는 수백억 대 이상의 컴퓨터는 독서 삼매경에 빠져 있다고 볼 수 있어요. 책을 읽지 않고 멍하니 있는 컴퓨터는 단 한 대도 없다는 말이지요.

프로그래머가 가장 힘들어하는 일은?

MyCompu

NEW

    프로그래머가 가장 힘들어하는 일은 뭘까요? 코딩에 대한 경험이 없는 사람은 새로운 프로그래밍 언어를 배운다거나 프로그램을 설계하는 일, 또는 버그를 잡아내는 일을 가장 힘든 일이라고 생각할지 몰라요. 하지만 프로그래머가 가장 힘들어하는 일은 따로 있어요. 바로 '이름 짓기'예요.

    여러분이 세상에 태어났을 때 부모님이 가장 먼저 한 일은 이름 짓기였을 거예요. 평생 불릴 이름을 짓는 일인 만큼 몇 날 며칠을 고심하여 가장 좋은 뜻과 불리기 쉬운 음을 담아 고귀한 이름을 지었겠지요. 몇 시간 만에, 생각나는 대로 뚝딱 짓지는 않았을 거예요. 사람뿐만 아니라 사물도 마찬가지예요. 사람들에게 바로 인식되고 기억되기 쉬운 이름을 짓기 위해 물건을 만드는 순간부터 이름을 무엇으로 정할지 고민하지요.

    이처럼 세상의 만물을 창조하는 과정에서 가장 먼저 이루어져야 하는 일이 바로 이름을 만들어주는 일이에요. 그러니 프로그램으로 하나의 다른 세계를 만드는 프로그래머에게도 역시 이름을 짓는 것이 가장 중요하고도 어려운 일이지요. 특히, 수만 줄의 코드를 써 내려가야 하는 프로그래머는 자신이 만든 함수, 변수, 작업 과정 등에 전부 이름을 붙여야 해요. 너무 바빠서 아무렇게나 함수1, 함수2, 함수3…… 이렇게 이름을 붙인다면 나중에 프로그래머 자신도 그 함수가 무엇을 의미하는지 알아내기 힘들 거예요. 그리고 틀리기 쉬운 이름을 지었다가 소스코드에 잘못 입력이라도 한다면 버그를 만들어 오류를 발생시킬 수 있어요.

그렇기 때문에 한 번에 어떤 의미인지 알아보기 쉽고 누가 봐도 이해할 수 있으며 외우기 쉬운 이름으로 지어야 해요. 그래야 나중에 새로운 동료가 합류해도 헷갈리지 않고 금방 익혀서 올바르게 사용할 수 있으니까요.

5

코딩으로
움직이는 세상

모든 것의 시작은 코딩

우리가 사는 우주에는 어떤 것들이 있을까요? 크게 '생물'과 '무생물'로 나눌 수 있어요. 생물은 말 그대로 살아 있는 것으로 박테리아, 꽃, 강아지, 사람 등이 해당되고, 무생물은 물, 바람, 별, 공기처럼 생명이 없는 것들이에요. 둘 다 원자로 이루어진 것은 똑같은데 왜 하나는 생물이고 하나는 무생물이라고 부를까요? 둘 사이에는 결정적인 차이가 있어요. 바로 자신을 만들어낸 **설계코드**가 자신 안에 들어있고, 없고지요. 돌멩이 같은 무생물에는 설계코드가 들어있지 않지만, 나무 같은 생물에는 설계코드, 즉 DNA가 들어있어요. 이 DNA라고 부르는 설계코드는 **복사하기와 붙여넣기**copy and paste가 가능해요. DNA가 없는 돌멩이는 복사해서 2개로 만들 수 없지만, 나무는 번식을 통해 2그루가 될 수 있어요.

생물 중에서도 나무나 꽃 같은 식물에는 '지능'이 있다고 말하지 않지만 사람, 강아지, 원숭이 같은 동물에는 '지능'이 있다고 해요. 특히 사람은 자신의 지능으로 무언가를 만들어내기까지 해요. 그게 무엇인지 크게 3가지로 살펴볼까요?

첫 번째로 장난감, 볼펜, 지우개 같은 **하드웨어**예요. 하드웨어는 무생물이라서 내부에 설계코드가 없어요. 복사하기와 붙여넣기가 되지 않아 완벽하게 똑같이 만들 수 없지요. 먼저 만든 장난감과 나중에 만든 장난감의 제작 과정이 동일할지라도 100퍼센트 같을 수 없듯이 말이에요. 하지만 공장에서 찍어내는 공산품은 다 똑같아 보인다고요? 그렇지 않아요. 공장에서 장난감을 찍어낼 때 겉으로 보기에는 같아 보여도 플라스틱의 원자 개수나 색깔 등은 미세하게 달라요. 세상에 100퍼센트 동일한 하드웨어는 존재할 수 없어요. 그 안에 설계코드가 없기 때문이지요.

다음으로는 컴퓨터, 스마트폰, 전자회로 같은 **반半하드웨어**예요. 앞에서 말한 장난감, 볼펜, 지우개와는 조금 다른 점이 있어요. 하드웨어와 달리 내부에 설계코드가 있는 부품이 섞여 있다는 거예요. 다시 말해, 전자제품은 설계코드가 없는 하드웨어와 설계코드가 있는 소프트웨어가 합쳐져 있어요. 그런데 왜 하드웨어라고 부를까요? 그 이유는 우리가 만질 수 있기 때문이에요. 냉장고 내부에 소프트웨어가 있다 할지라도 냉장고 겉을 만질 수 있으니 하드웨어라고 부르는 거지요. 하드웨어와 한 몸을 이루는 소프트웨어는 쉽게 지우거나 변경할 수 없어요. 소프트웨어는 복사하기와 붙여넣기가 되지만, 소프트웨어를 담고 있는 하드웨어는 100퍼센트 똑같이 복사할 수 없으니까요. 반하드웨어는 '완전 하드웨어'와 '완전 소프트웨어'의 중간이라고 생각하면 돼요.

마지막으로 **소프트웨어**예요. 소프트웨어는 프로그램, 애플리케이션과 같은 이름으로 불려요. 앞에서 말했듯이 소프트웨어는 사람이 프로그래밍 언어를 사용하여 설계코드를 작성한 거라서 복사하기와 붙여넣기가 가능해요. 따라서 소프트웨어는 100퍼센트 완벽하게 똑같이 복사할 수 있지요.

이처럼 사람은 자신의 지능으로 여러 발명품을 만들어냈어요. 그중에서 가장 수준이 높고 특별한 발명품이 바로 '인공지능'과 '가상현실'이에요. 신 또는 자연이 지능을 창조했다면 사람은 이 지능으로 자신의 지능과 닮은 인공지능을 창조해낸 거예요. 거기에 가상현실이라는 또 다른 차원의 우주를 만들었고요. 우주에 속한 사람이 그 안에 또 다른 우주를 만들어낸 셈이지요.

우주에 존재하는 것을 총정리하면 다음의 그림과 같아요. 이 중에서 코딩으로 만들어진 것을 찾아볼까요? 인공지능과 가상현실이 코딩으로 만들어진 것이라면 전자제품 같은 반하드웨어도 50퍼센트는 코딩이 되었다고 말할 수 있어요. 그리고 생물에 속하는 사람을 비롯한 모든 생명체도 DNA로 코딩되었다고 볼 수 있지요.

코딩되지 않은 것은 사실 하드웨어밖에 없어요. 하지만 이 역시 어떤 의미에서는 수학의 언어로 설계되었다고 말할 수 있어요.

17세기 과학자이자 수학자였던 갈릴레오는 "우주는 수학의 언

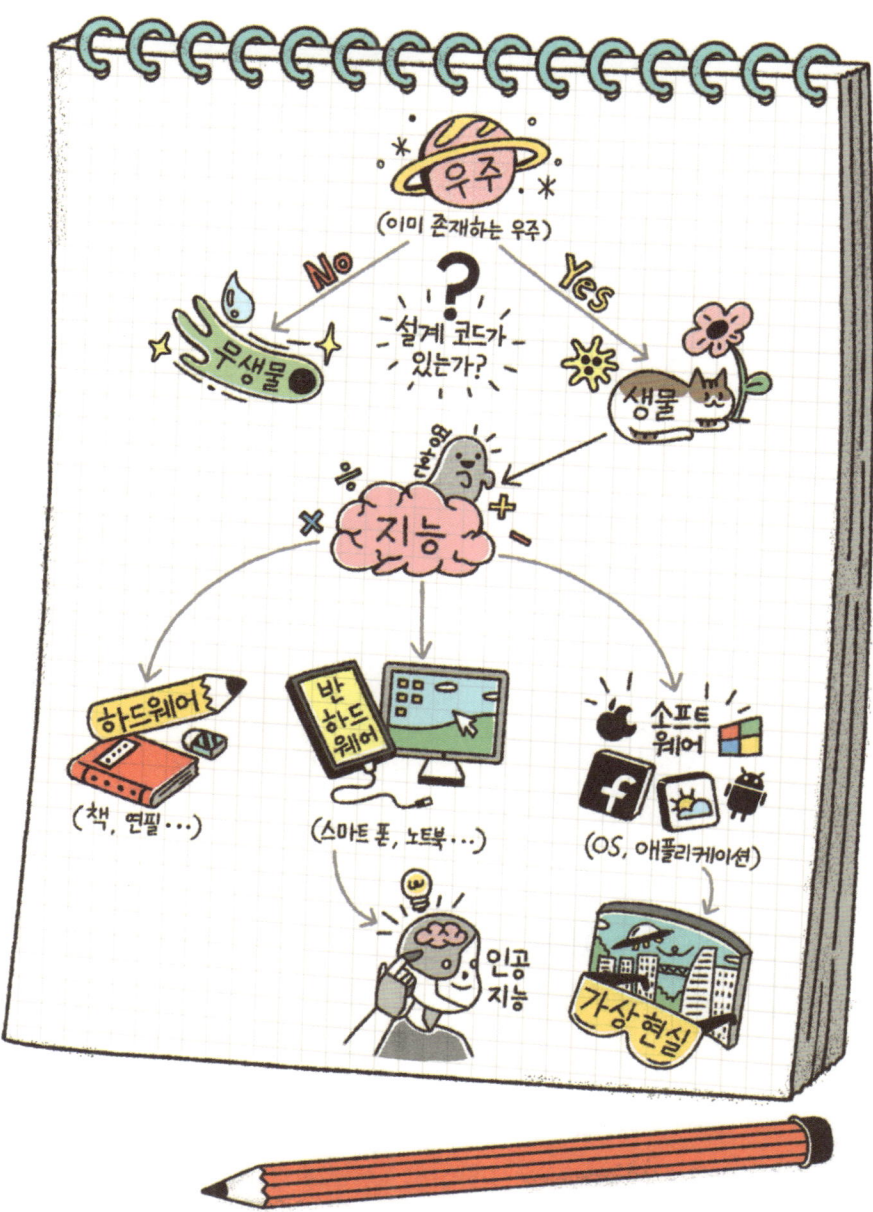

어로 쓴 책"이라고 했어요. 갈릴레오는 수학으로 우주를 이해할 수 있다고 믿었거든요. 여기서 주목할 점은 우주가 '언어'로 '쓰였다'라고 말한 부분이에요. 17세기 고전역학의 창시자인 뉴턴도 "자연은 수학으로 쓴 책"이라는 말을 남겼어요. 즉, 우주 역시 언어로 만들어진 프로그램인 셈인 거지요. 현대적 관점에서 "우주가 논리적인 언어로 코딩되어 있다"라고 바꾸어 표현할 수 있는 거예요. 컴퓨터 화면의 글자나 그림 혹은 음악이 저절로 생겨난 것이 아니라 누군가가 만들어낸 것처럼 이 세상의 모든 것도 논리적 언어에 의해 세상 밖으로 출력된 거라고 볼 수 있어요.

우주에는 100000…000(0이 80개)개의 원자가 존재하고, 이 원자들은 이런저런 모양으로 뭉쳐서 해와 달, 지구 그리고 지구 안에 존재하는 모든 것을 만들었어요. 신기하게도 각각의 원자는 모두 완벽하게 똑같이 생겼어요. 특정한 설계로 코딩되어 있는 거지요. 그렇다면 이 세상 모든 것을 만들어낸 원자는 누가 코딩한 것일까요? 이에 대해서는 2가지 관점이 있어요.

하나는 신이 코딩했다고 보는 거예요. 또 다른 하나는 수학 그 자체인 우주가 원자를 탄생시켰다고 보는 거예요. 우리가 사는 우주를 제외한 나머지 우주들은 잘못된 함수와 상수 때문에 대부분 사라졌을 거고, 운 좋게 이 우주를 지배하도록 결정된 함수와 상수들이 코딩된 듯이 딱 들어맞아 이 우주를 만들어낸 거지요.

마치 프로그래머가 천재적 두뇌로 자신의 설계대로 우주를 코딩할 수도 있지만, 그냥 무작위로 시뮬레이션을 돌려서 우연히 맞아떨어진 결과물이 툭 튀어나올 수도 있는 것처럼 말이에요.

그러니 우주에 존재하는 모든 것은 코딩되었다고 말할 수 있어요. 코딩과 우리가 사는 세상은 아주 밀접한 관계가 있으니까요. 아니 밀접한 정도가 아니라 '코딩된 세상'에 살고 있다고 말하는 것이 어쩌면 더 정확할지도 몰라요.

내 몸이 코딩되었다고?

지금까지 살펴본 가상현실, 하드웨어, 인공지능 같은 것들은 모두 사람 저자가 만들어낸 주요 작품들이에요. 하지만 우주에는 사람이 만들지 않았는데도 코딩된 것이 존재해요. 바로 생명이에요.

사람의 유전 정보를 담고 있는 DNA에는 A, T, C, G라는 글자가 30억 개나 적혀 있어요. 실제로 글자가 쓰여 있는 것은 아니고 유전자를 구성하는 코드 A, T, C, G라고 불리는 4가지 화학물질이 DNA 안에 일정한 순서로 늘어서 있는 거예요. 0.0001센티미터의 세포 속에 차곡차곡 접혀 넣어진 이것을 길게 쭈욱 잡아당기면 약 2미터 정도가 돼요. 컴퓨터가 0과 1로 구성된 디지털 언어로 모든 것을 표현한다면, 생명체는 A, T, C, G로 구성된 디지털 언어로 모든 것을 표현하지요.

우리는 비용만 지불하면 누구든지 자신의 DNA를 확인할 수 있는 세상에 살고 있어요. 아직 어디서부터 어디까지가 코를 만든 코드이고, 또 눈을 만든 코드인지 알 수 없지만 자신을 만든 코드를 직접 보는 것만으로도 참 신기할 거예요. 하지만 마침표나 띄어쓰기가 전혀 없는 30억 개의 글자를 들여다보는 일은 때로는 지루한 일이 될 수도 있어요. 이해할 수 없는 암호문을 쳐

다보는 느낌일 테니까요. 이럴 때는 3개씩 차례차례 끊어서 읽기만 하면 돼요. DNA 문법은 워낙 간단해서 적힌 알파벳을 3개씩 순서대로 읽어서 레고블록처럼 조립하다 보면 생명체도 만들 수 있어요.

DNA만 읽을 줄 알면 생명체도 만들 수 있는데 왜 병을 고치거나 생명을 살리지 못하는 걸까요? DNA를 보고 그대로 조립하면 원하는 세포나 신체 기관, 심지어 사람도 만들 수 있고 문제가 생긴 DNA를 고치면 영원히 건강하게 살 수 있을 텐데 말이에요. 이유는 아직 어떤 DNA 코드가 병을 만들어내는지 정확히 밝혀내지 못했고, 잘라내어 붙였을 때 어떤 결과가 발생할지 모르기 때문이에요. 게다가 DNA 코드대로 원자를 배열하는 기술도 아직 개발되지 않았거든요. 한 가지 확실한 점은 사람을 포함한 모든 생명체가 DNA라는 디지털 코드로 코딩되어 있다는 점이에요. DNA는 생명체에 대한 모든 정보를 담고 있는 일종의 책이자 디지털 파일이에요. 여러분이 부모님의 외모와 성격이 비슷한 것도 이 DNA 때문이지요. 이렇게 우리 몸에 컴퓨터 파일과 같은 것이 들어 있다는 사실이 매우 놀랍고도 신기하지 않나요?

우리 몸의 조립 순서도가 컴퓨터 파일처럼 디지털 코드로 만들어진 것은 아마도 컴퓨터 파일을 0과 1로 만든 이유와 같을 거예요. 즉, 복사하기 쉬울 뿐만 아니라 복사하다가 잘못되더라도 오

 류를 찾아내기 수월하기 때문이지요. 또, 디지털 코드는 여러 번 복사를 해도 원본이 망가지거나 흐릿해지지 않으니까요. 하지만 이렇게 원본이 그대로 복사되는 디지털 코드를 갖고 있음에도 불구하고 사람이 늙거나 병에 걸리는 이유는 무엇일까요? 바로 DNA 원본이 시간의 흐름에 따라 닳아 없어지거나 '버그'가 발생하기 때문이에요. 프로그램을 코딩할 때 힘든 점 중에 하나가 버그를 잡는 일이라고 앞에서 말했어요. 조금 전까지 멀쩡히 실행되던 게임이 오류를 일으켰는데 원인이 무엇인지 도무지 알 수 없어서 속상했던 경험이 있을 거예요. 이처럼 우리 몸 안에서 작동하고 있는 DNA 코드에도 버그가 생길 수 있어요. 세포 분열을 할 때마다 몸속의 A, T, C, G라는 디지털 언어를 복사해야 하는데 이 과정에서 오류가 발행하는 거지요.

 예를 들어, '…AAACGCTAAAAT…'라는 소스코드가 있었는데, 복사 과정에서 'G'라는 글자가 'A'로 바뀌어버리는 거예요.

이런 오류가 계속 쌓인다면 건강에도 이상이 생겨요. 또한 발암 물질, 자외선, 방사선 같은 외부적인 요인으로도 DNA 코드에 손상을 일으킬 수 있어요. 손상된 DNA 코드가 중요한 역할을 하는 코드가 아니라면 우리 몸에 큰 문제가 생기지 않겠지만 중요한 역할을 하는 경우라면 건강에 이상이 생기는 거예요.

안타깝게도 현재 기술로는 DNA 코드를 일일이 분석해서 버그를 잡아내기가 어려워요. 또 알아냈다 하더라도 고치기는 더욱 힘들어요. 현재로서는 몸속 소스코드를 잘 보존하기 위해 건강한 식단을 지키고 꾸준한 운동을 하는 것이 최선이에요. 그러니 앞으로 편식 없이 음식을 골고루 먹고 군것질이나 불량식품은 줄여야겠지요?

뇌도 코딩할 수 있을까?

2016년 3월, 구글에서 개발한 인공지능 알파고와 프로 바둑기사 이세돌 9단과의 바둑 대결이 있었어요. 모두의 예상과 달리 알파고가 승리하자 인공지능에 대한 관심도가 부쩍 높아졌어요.

인공지능은 사람의 뇌에서 벌어지는 일 중에서 계산에 해당하는 부분을 최대한으로 흉내내서 발달시킨 거예요. 아직까지는 사람만의 의식이나 감정, 영혼까지 닮은 인공지능을 만들어내기가 어려워요. 왜냐하면 인공지능 역시 사람이 알고리즘을 설계해서 학습시킨 대로 동작하는 기계라서 스스로 생각하고 감정을 느끼게 하기는 힘들거든요.

또, 뇌를 모방할 소프트웨어는 수십억 줄의 글을 쓰고 수많은 법칙을 가르치는 것만으로 만들 수 없어요. 뇌는 고정되어 있지 않고 끊임없이 변화하는 성질을 갖기 때문이에요. 뇌는 태어나는 순간부터 끊임없이 말을 익히고 학습하며 수많은 경험을 해요. 그러면서 복잡한 회로를 만들지요. 그래서 인공지능을 코딩하는 방법은 조금 다를 수밖에 없어요. 인공지능의 코딩에서는 논리적이고 순서에 맞는 글쓰기를 잘하는 것보다 학습을 잘 시키는 것이 훨씬 중요해요. 입력을 하면 원하는 값이 나올 수 있도록 프로그램을 코딩하는 기존의 방식이 아니라는 말이지요. 프로그램을 쓴다고 알파고와 같은 인공지능이 탄생하는 것이 아니니까요.

알파고가 바둑 경기에서 이기게 하기 위해서는 지금까지 펼쳤던 경기에 대한 기록을 입력해줘야 해요. 그러면 알파고는 입력된 데이터를 바탕으로 정답을 출력하기 위한 학습을 하지요. 다시 말해, 사람이 입력과 출력을 제공하면 인공지능은 스스로 학습을 해서 프로그램을 만드는 거예요. 인공지능을 이렇게 코딩해야 하는 이유는 우리도 우리 뇌에서 동작하는 프로그램의 동작

원리를 기계에게 잘 설명할 수 없기 때문이에요.

마치 하드웨어인 컴퓨터 안에서 인공지능 소프트웨어가 동작하듯, 하드웨어인 뇌에서 소프트웨어인 지능이 동작하는 거지요. 그리고 컴퓨터 안에서 전자들이 아무 생각 없이 돌아다니는 것이 아닌 것처럼 사람의 뇌에서 움직이는 원자들도 아무 생각 없이 충돌하며 돌아다니는 게 아니에요. 우리 몸속에는 원자들을 의도한 방향대로 움직여 지능이나 의식을 만들어내는 소프트웨어가 존재한다고 볼 수 있거든요.

4차 산업혁명 시대에 꼭 필요한 코딩

18세기 영국에서 시작한 산업혁명이 어느새 4차 산업혁명으로 발전했어요. 4차 산업혁명은 '융합'과 '연결'이라는 단어로 표현할 수 있어요. 사이버세계와 현실세계를 융합하고 연결하기 때문이지요.

전기자동차 회사 테슬라의 최고 경영자이자 영화 〈아이언맨〉의 실제 모델인 일론 머스크는 "나는 정교한 컴퓨터 시뮬레이션 속에 살고 있다"라는 말을 했어요. 우리가 사는 진짜 세계가 게임 속 세계처럼 누군가 만들어낸 가상현실일 수도 있다는 뜻이에요.

가상현실은 실제와 비교하기 힘들 만큼 점점 정교해지고 있어요. 앞에서 살펴보았듯이 가상현실 체험기기를 착용하면, 실제로 놀이공원에 가서 롤러코스터를 타는 것처럼 움직임을 느낄 수 있으며 기원전 70만 년 전의 구석기 시대로 갈 수도 있어요. 360도 어디를 둘러봐도 그곳이 현실인 것 같은 착각이 들기도 할 거예요. 앞으로 기술이 점점 더 발전하면 코딩을 통해 가상현실을 더 정교하게 만들 수 있어요. 어쩌면 실제와 너무 비슷해서 많은 사람이 게임에 빠져 헤어 나오지 못하는 경우가 생길지도 몰라요.

3차 산업혁명 시대까지만 해도 현실세계와 사이버세계는 분리되어 있었어요. 그래서 현실세계를 살다가 컴퓨터나 스마트폰을 통해 사이버세계에 들락거리는 정도가 전부였지요. 하지만 4차 산업혁명 시대에는 창문, 침대, 변기, 냉장고, 세탁기 등 모든 것이 인터넷과 연결되어 있어요. 사물이 코딩 기술을 통해 지능화된 물체로 재탄생한 것이에요.

화장실 변기에 앉아 있을 뿐인데 신체 정보가 감지되어 체중이나 체온을 측정하고 건강 상태를 알려주는 것처럼, 인터넷을 기반으로 사물과 사물 간의 정보를 교환하고 분석한 데이터를 사용자에게 제공하는 기술을 **사물 인터넷**Internet Of Things이라고 해요. 또 이렇게 디지털 세상에 접속한 수많은 사물의 정보를 모아 놓은 방대한 양의 데이터를 **빅데이터**bigdata라고 하지요. 걸어 다니

면서 스마트폰으로 듣는 음악과 위치 정보가 사이버세계로 보내지면 데이터를 분석해서 위험한 곳에서는 재생을 자동으로 정지시켜줄 수도 있어요.

이처럼 우리를 둘러싼 대부분의 사물이 인터넷으로 연결돼 서로 정보를 주고받으며 삶은 더욱 편리해지고 있어요. 이 모든 것이 가능할 수 있었던 이유는 '코딩' 덕분이에요. 사물이 데이터를 만들어내고 만들어진 데이터를 사이버세계로 보내는 것 그리고 사이버세계에서 보낸 데이터를 해석해서 동작하는 것은 다 코딩을 했기 때문이지요.

언어는 의사소통 수단을 넘어서 창조의 수단으로 발전하고 있어요. 인류가 최초로 글자를 기록한 시점부터 이런 코딩 능력을 갖추기까지는 5,000년 이상의 세월이 필요했어요. 이전의 세상은 정치, 경제, 종교, 사회 같은 것들이 사람과의 관계 속에서 형성되었다면 이제는 기계와의 관계가 더욱 중요해질 거예요. 앞으로 인류는 코딩이라는 창조의 언어로 세상을 새롭게 열어갈 거니까요. 그러기 위해서 우리는 지금까지 컴퓨터의 구조와 기능, 디지털, 프로그래밍 언어, 여러분이 사는 세상과 코딩이 어떤 관계에 있는지, 코딩으로 어떤 것을 만들어낼 수 있는지를 살펴보았어요. 그뿐만 아니라 우주에 존재하는 모든 생명체가 디지털 코드로 코딩되어 있고 원자나 분자와 같은 무생물 역시 어떤 의

미에서는 코딩되었다는 사실을 알게 되었어요. 결국 이런 기초 지식에 대한 이해가 없다면 프로그래밍 언어의 문법을 기술적으로 익혔다 하더라도 세계를 확장시킬 수 없을 거예요. 코딩에 관한 기초 지식을 아는 것이 왜 현대 사회를 살아가는 데 있어서 필수적인 것인지 이제 여러분도 분명히 깨달았기를 바랄게요.

3D 프린터로 음식까지 찍어낸다고?

　코딩으로 탄생한 소프트웨어는 하드웨어가 지배하던 영역까지 넓혀가고 있어요. 코딩의 본질을 깨달은 사람들은 이제 모든 가치의 핵심이 소프트웨어에 있고, 하드웨어는 단지 껍데기에 불과하다고 말하기 시작했지요. 그래서 '소프트웨어가 세상을 지배한다'라는 표현까지 등장했어요. 소프트웨어에 불과한 코드가 물리적 세계를 지배한다는 것이고, 겉으로 보이는 물질보다 그 안의 정보가 중요하다는 거예요.

　4차 산업혁명의 주요 기술인 3D 프린터 역시 소프트웨어를 바탕으로 새로운 미래를 열어가고 있어요. 3D 도면을 집어넣으면 실물 제품이 인쇄되는 3D 프린터에서 3D 도면은 소프트웨어고 실물 제품은 하드웨어예요. 이 3D 프린터로 장난감은 물론 자동차까지 제조하며 출력할 수 있는 범위는 점점 확장되고 있어요.

　최근에는 음식까지 출력을 해요. 기계에 레시피를 입력하고 간단한 음식 재료를 넣으면 재료를 차곡차곡 한 층씩 쌓아서 피자나 케이크를 인쇄하는 거지요.

　이렇게 불이나 열을 이용한 요리가 아니라 3D 식품 프린터로 출력해서 음식을 만들어내는 것을 '푸드 프린팅'이라고 해요. 출력된 음식에서는 일반 식품과 유사한 맛과 식감을 느낄 수 있어요. 만약 원하는 맛이나 모양이 출력되지 않았을 경우 간단하게 프로그램을 수정만 하면 즉시 다른 음식을 맛볼 수 있어요. 또, 개인의 취향과 필요에 따른 재료를 선택하면 프린터가 세밀하게 만들어 줘서 개인별 맞춤형 식단을 꾸릴 수도 있지요.

 이처럼 먹고 싶은 음식을 언제든지 프린터로 간편하게 출력할 수 있는 미래가 기대되지 않나요?

코딩을 알면 보이는 새로운 세상

코딩 세계를 여행하고 나니 코딩을 배우고 싶은 마음이 생겼나요, 아니면 여전히 부담스러운가요? 기술적으로 코딩을 완벽하게 할 줄은 모르지만, 세상을 만들고 바꿀 수 있는 글자가 코딩이라는 것을 알게 되었다면 그것만으로도 충분해요.

다만, 이제부터 스마트폰을 사용할 때 소프트웨어가 어떻게 돌아가는지, 프로그래머가 무엇을 고민해서 애플리케이션이나 게임을 만들었는지 한 번 더 생각을 해보았으면 좋겠어요.

스마트폰의 버튼을 누르면 '화면을 켜라'라는 제어신호가 CPU로 전달되어서 디스플레이가 작동된다는 것, 메시지가 오면 와이파이 중계기로부터 스마트폰의 안테나로 전파가 전달되었다는 것을 자연스럽게 머릿속으로 떠올려보는 거예요. 책을 읽기 전과 읽고 난 후의 모든 것들이 새롭게 보이고 흥미롭게 느껴질 거예요.

더 나아가서는 프로그래머가 되어 불편했던 것을 바꿔본다고 상상해볼 수도 있어요.

'비슷한 종류의 영상을 반복해서 보니 지겨운데 사용자가 관심을 가질 만한 새로운 것을 추천해줄 수 있는 프로그램을 설계해 볼까?'

'부모님이 데이터 통신비를 아끼라고 잔소리를 하시는데 남은 데이터량에 따라 화질을 조정해줄 수 있는 프로그램을 만들 수 있을까?'

'주기적으로 업로드되는 동영상을 와이파이로 미리 다운로드해 주면 어떨까?'

'게임을 할 때 같은 구간에서 실패하는데 다음 단계로 넘어갈 수 있도록 취약한 부분을 미리 시뮬레이션할 수 있는 프로그램이 있다면 어떨까?'

일상 생활에서의 불편함을 먼저 인식하고 어떻게 개선하면 좋을지 고민하면서 창의적인 생각을 떠올려보는 거예요. 직접 배워서 코딩을 할 수도 있고, 힘들면 다른 사람의 조언과 도움을 받을 수도 있어요.

우리가 살고 있는 세상에는 수많은 문제점이 있지만 해결할 수 있는 알고리즘은 훨씬 더 많아요. 어려움에 직면했을 때 피하거나 포기하려고 하지 말고 접근을 먼저 해보세요. 어떤 방식으로 해결할 수 있을지, 그리고 이것을 코딩으로 어떻게 풀지를 고민해보는 거지요.

그러다 보면 언젠가 가상세계와 현실세계를 코딩으로 통합하고 있는 스스로를 발견할 거예요. 여러분이 코딩으로 새롭게 만들어갈 세상을 온 맘 다해 응원합니다.